SURRENDER

降伏論

「できない自分」を受け入れる

高森 勇旗
Yuki Takamori

日経BP

まえがき　〝一生懸命〟という幻想

俺は、こんなもんじゃない――。

結果が出ないのはちょっとしたタイミングや運の問題だ。自分にはとても大きな可能性があり、将来は明るい。このまま一生懸命頑張っていれば、結果は必ずついてくる。1日に2000回以上バットを振り、週6日の過酷なトレーニングをこなし続けるのは、自らのパフォーマンスを高め、その先にある〝成功〟を掴み取るためだ。

当時プロ野球選手だった私は、自らの成功を信じて疑わなかった。そしてそれは、限りなく成功のレールに乗っているように思えた。少なくとも、私の主観では。

幻想は、わずか6年間であっけなく潰《つい》えた。練習で何百万回と振ってきたバットが試合で生み出したヒットは、プロ通算で1本。もうあれ以上頑張れないと思うくらい一生懸命に頑張ったが、結果は見ての通りである。

一生懸命やれば、必ず報われる。必ずしもそうではないと頭では分かっていたが、どこかでその考えにすがりたい気持ちがあった。

しかしそれは、「どうすれば結果を出すことができるか」という考えを諦めた者の思考回路である。〝一生懸命〟は、現実を直視せず、結果に至るための具体的な方法を考えることを諦め、冷静さを失った者たちが生み出す幻想の世界だ。

その世界の住人は、怠惰によって結果が出ない者たちを見下し、少なくとも自分はあのグループの人間たちとは違うと主張し、結果の出ているAグループと同格に自らを扱う。結果が出ていないのに「でも、一生懸命やった」と言い、やり方を変えようとせず、同じプロセスで次の機会に臨む。

次回結果を出すための秘訣は、「もっと、一生懸命頑張る」だ。

こういった人たちへの周囲の評価は高い。特に、結果と同じくらい姿勢が評価されるキャリアの序盤では、とりわけ評価が高い。

失敗はすべて成功への過程として受け入れられ、一生懸命な姿勢は周囲からの期待を高める。

評価の高さと周囲の期待は、本人も十分に感じ取ることができ、これによって結果への執念は次第に薄れ始める。結果を残さずとも、評価や承認といった報酬が十分に得られるからだ。

キャリアの中盤になってくると、結果が出ていないことが明らかになり始める。

しかし、そのことに触れる者はあまりいない。なぜなら、姿勢を高く評価をし続けてきたために、結果への評価をいきなり下しづらくなっているからだ。

「お前、全然結果出てないじゃん。いつまでそこで甘えてるの？」と、厳しく本質をついてくる者はほとんどいない。結果は出ていなかったとしても、相変わらず一生懸命さだけは継続しているため、周囲の評価は高くはならずとも、低くもならない。

本人にとっても、若干の焦りはあるが、具体的な解決策は出さないまま、ただひたすら一生懸命に頑張る。なぜなら、それこそが評価される唯一の方法であり、これまでもそうしてきたからだ。ここまでくると、一生懸命の呪いにかかる。

もう、結果が出ていないという現状と正面から向き合うことは困難になる。

キャリアの終盤になると、結果のことに触れようとする者はいなくなる。

本人でさえ、そこを明確にすることを無意識に避け始める。周囲の評価は、「結果の出せない人」というものに完全に変わる。

そのことを正面から指摘する人はいない。一生懸命に頑張っている人に対して、「でもあなた、結果出せてないよね」と言うのはあまりにも酷である。

直接言われない代わりに、重要な仕事からは外され、期待もされず、当たり障りのない存在へと徐々に移行していく。組織の中では扱いづらい存在となるが、特別に嫌われることもない。なぜなら、一生懸命だからだ。

このあたりで、キャリア序盤の者や、外部から入ってきた者たちからは、「まったく結果の出ないあの人に、なぜ周囲はこんなにも気を遣っているのだろう」と、不思議な存在として認識される。プロ野球の場合、このあたりでクビになる。それは厳しいと言うより、むしろ美しいシステムとも言える。

結果だけが評価されるプロの世界で、姿勢は意味をなさない。

無論、練習に取り組む姿勢や、普段の人間性が評価されて人気の選手はいる。しかしそれは、結果あってのことだ。**打率が1割のスーパースターは存在しない。**結果を出せない人から順番にいなくなっていくプロ野球の世界は、非常に合理的で分かりやすく、本質に満ちている。

しかし、一般社会に出ると、そうはならない。

結果が出なくとも、簡単にクビになることはない。むしろ、姿勢が悪い方がクビになる可能性は高い。姿勢は十分に評価の対象になるのだ。それどころか、この姿勢の評価というのは非常に燃費が良い。一生懸命に頑張る〝だけ〟で、長い間評価される材料となる。

こうして、一生懸命ではあるが結果は出せない人が組織の中に増え始める。結果として、生産性は下がり続ける。

厄介なのは、当の本人たちは、自分が生産性の低い人間であることを決して認めようとしないことだ。しかし、「自分はこんなもんじゃない」と、本気で信じている割には、やり方は変えようとしない。なぜなら、そのやり方で一定の評価を獲得できてきたからである。

結果が出ないのは、運が悪いわけでも、タイミングが悪いわけでもない。

そして、一生懸命さが報われないわけでもない。いまの自分の延長線上に成功があると思っている限り、結果が出ることは、永遠にない。少なくとも、「俺は、こんなもんじゃない」と、思っているうちは。

諦めることだ。

結果を出したければ「俺は、こんなもんなのかもしれない」と、諦めることだ。

世の中に、成功する方法、結果を出すためのやり方に関する本がこれだけ溢れているのにもかかわらず、結果を出せないのは、自身が「俺も頑張れば、できる」という幻想の中にいるからだ。

その幻想は非常に心地が良い。幻想は、常に希望を与えてくれる。

幻想から脱出したければ、諦めることだ。**「いまの自分では、永遠に結果を出すことはできない」と降伏することができれば、そこから成功への道は一気に開かれる。**

これらはすべて、私自身の体験である。

他の誰かを観察した記録ではなく、すべて自分自身に起こった体験である。「俺は、こんなもんじゃない」と思い続けて、6年間でヒットを1本だけ打った、私自身の体験である。

プロ野球を引退した後、コンサルタントとしてさまざまな企業の経営に関わり、多くの人をコーチングしてきた。

その中で、自身がなぜプロ野球で活躍できなかったのか、また、この世の中で活躍する人の特徴とは何か、その答えが、徐々に明らかになってきた。

本書では、自らの体験も踏まえ、パフォーマンスを高めるとは、結果を出すとはどういうことなのかという核心に迫りたい。

一生懸命の呪いから解放され、真に結果を出す人になるキッカケになれば幸いである。

第1章　いますぐやる

第2章

考えずにやる

第3章 具体的にやる

第4章 価値の本質に気づく

第5章 言葉を変える

第6章 相手を勝たせる

第7章 自分を働かせる

第8章 自分の「在り方」を決める

第9章 自分の「状態」を高める

第1章

いますぐやる

今日できることを明日に延ばすな。

ベンジャミン・フランクリン（アメリカの政治家）

結果を出せる〝状態〟とは何か？

「人生が好転すること」は、多くの人にとっての大きな関心だろう。

好転とは、お金、モノ、時間、他人からの承認や評価などが増えることで、決して減ることではない。私たちは収入が増え、欲しいモノを買い、大きな家に住み、自由な時間が増え、他者から望むように評価や承認をされた時、大きな充実感や快感を得る。漠然と、もしくは具体的に、いずれの場合であっても、〝人生の好転〟を我々は無意識に重要視させられている。そしてそのやり方を説く本も世の中に無数に存在している（無論、本書もその中のひとつである）。無数の本があることは、それだけ多くの需要があることを証明している。

だからこそ、それに飛びつく人の数は多い。それらには、「幸せに老いて死ぬ方法」という長い目で見た幸福ではなく、「明日から急にうまくいく方法」という、特効薬が多い。目に見える結果がいますぐに欲しいということだ。

その点で、「結果の出る人がやっている〇〇個の法則」という類の本は、需要にダイレクトに応えている。しかし同時に、次から次へと同様の本が出版されているところを見ると、読んだ人が法則を実践してもうまくいかないか、実践していないか、はたまた、本を読むことで満足し、実践する気すらないからか、真実は分からない。いずれにせよ、うまくいっていない人が存在するかぎり、うまくいくための本はこれからも出版され続けるだろう。

〝うまくいくやり方〟は、言うなればアプリケーションであり、多くを搭載すれば良いわけではない。大して使わないアプリケーションをスマートフォンの中に入れまくると、動作はむしろ重くなる。

実際に、よく本を読み、あらゆる人の考え方や理論、哲学に精通し、自己啓発オタクのような人も驚くほど多い。彼らは非常に記憶力が良く、あらゆる議題に対して的確に解答できる。

それでも結果を出せる人は稀である。結果を出す上で重要なのは、アプリケーションを動かすためのOSだ。**まず自身のOSを、アプリケーションを正常に動かせる状態にアップデートしなければならない。**

最新のアプリケーションは、Ｗｉｎｄｏｗｓ95の上では動かない。どれだけ綺麗な花でも、汚い部屋に飾っていては、本来の機能を発揮しない。うまくいくやり方を学ぶ前に、自分自身の部屋を綺麗にし、やり方を迎え入れられる状態にしよう。それでこそ、最新のアプリケーションである「うまくいく方法」が機能する。

では、部屋を綺麗にするとは、どういうことなのか？

完了と終了の違い

私には、兄がいる。幼少期、よく兄と家の前でキャッチボールをしていた。ある日、私の投げたボールは兄の頭上を越え、向かいにある会社の倉庫の窓ガラスに命中。ガラスは見事粉々に砕け散った。

私と兄は、すぐさま会議を開いた。このことを、母親に告白するか、隠し通すか。約30年前の、田舎にある会社の倉庫である。窓ガラスが一枚割れているくらいでは、大きな問題にならない。それどころか、気づかれない可能性もかなり高そうだ。隠し通すことは十分にできる。私と兄は、隠し通すことに決めた。

その日の夜、いつも通り夜ご飯の時間となった。しかし、いつあのことがバレるのか、いつ向かいの会社の誰かが家のチャイムを鳴らすのかが気になって仕方がなかった。

夜、ご飯を食べ終えてテレビを見ている時に、母親に話しかけられるだけでビックリして飛び上がりそうになった。この精神状態では、普通に生活ができない。私と兄は再び会議を開き、母親に告白することに決めた。母親からはこっぴどく叱られたが、私と兄はもう何にも怯える必要がなくなり、元気を取り戻した。

翌日、母親と共に向かいの会社に謝罪に行ったが、気持ちはむしろ晴れ晴れした。あのまま隠し通すことを決めていたとしたら、その後数日で我々のどちらかは病気になっていたかもしれない。そしてきっと、30年経ったいまでも心のどこかに暗い影を落としていただろう。

終了という言葉と、完了という言葉がある。

両者には、どのような区別があるだろうか。

時間などの外部要因によって物事が終わることを〝終了〟というのに対し、自らの意志によって区切りをつけることを完了という。〝終了〟の領域に分類されるイベントは、多くの場合「未完了」となり心の中に残り続ける。

前述した窓ガラスを割ったことは、強烈な未完了としてその後留まり続けた。**未完了は、いったん発生すると完了するまでなくならない。**そしてなくなるまでの間、あらゆるエネルギーを引き寄せ続ける引力を発生させる。子どもの私にとって、窓ガラスを割るというのは、とてつもないイベントだった。しかもそれを隠すとなると、人生のすべてを賭けて隠し通すくらいのエネルギーを要した。

未完了はあなたのエネルギーを確実に奪う

強烈すぎる未完了は、心のど真ん中に居座り、あらゆるエネルギーを引き寄せ、もうそのこと以外考えられなくなる。母親の一挙手一投足に気を払い、母親のみならず、玄関の向こうにある、見えないはずの世界すら見る必要があった。正気でないどころか、ほぼ錯乱状態である。それくらい、未完了は精神状態に大きな影響を与える。

ガラスを割る、という当時の私にとって、とてつもなく大きい未完了とまではいかずとも、実は人生において未完了は驚くほど多く存在している。**未完了は、たとえ小さなものであっても、確実に引力を発生させる。**その一つひとつが、エネルギーを少しずつ奪い、気がつかないところで精神状態に少しずつ影響を与え続ける。

未完了について、大きなものから小さなものまで、実際にどのようなものがあるかを見ていきたい。

ケース①

朝、仕事に行く前にちょっとしたことで妻と喧嘩になった。その喧嘩は解決することなく、仕事に行かなくてはならない時間となり、不本意ながらも、未解決のまま仕事に行くこととなる。

最初こそムカムカしていたものの、時間と共にすっかり喧嘩のことは忘れてしまった。ところが、ある瞬間にふっと思い出す。「あぁ、帰ったらまたあの会話の続きから始まるのかな」と、気持ちが重くなる。その後しばらくの間、未完了は復活する。そして、その間エネルギーを奪い続ける。

本当に集中しなければならない目の前のことと同じくらい、未完了は集中力を奪い取っていく。この夫婦喧嘩が解決するか、何らかの形でケリがつくまで、頭の片隅に留まり続ける。夫婦喧嘩のような、自分の人生に直接的に関係のあるイベントは未完了を分かりやすく体験できる。しかし、気がつかないような未完了は他にも山ほど存在する。

ケース②

地元の友達と、「そろそろ、みんなとまた会いたいね」などと盛り上がり、同窓会をやることが何となく決まる。その後、誰が幹事をやるのかも決まらぬまま、なんとなく日々は過ぎていき、年末に「そういえば、同窓会はどうするんだっけ」と、思い出す。以降、毎年年末になるたびに思い出す。

こんな些細なことでも未完了となり得る。未完了は、その大小にかかわらず引力を発生させる。同窓会が開催されるか、同窓会はやらないと決断するまで、未完了は留まり続ける。

ケース③

ある日同僚とランチに行った際、たまたま同僚がお金を持ち合わせていなかった。お会計はそれぞれ1000円ずつだったので、この場はひとまず支払ってあげることにした。

その後仕事に戻り、お互い1000円のことは忘れていた。しかし、ある時にふっと思い出す。1000円のことで、あれこれ言うのも少し気が重い。まぁ、いずれ返してもらおうということで、何となく時は過ぎていく。

金額の大小にかかわらず、お金の貸し借りは未完了を発生させやすい。

特筆すべきは、借りた側はもとより、貸した側にも未完了が発生することだ。むしろ金額が少額の場合、借りた側は忘れがちだが、貸した側が忘れることはほとんどない。お金を返してもらうか、あれは奢ったということで返す必要はない、とケリをつけるまで未完了は留まり続ける。例の如く、留まり続ける未完了は確実にエネルギーを奪っていく。

ケース④

パソコンのデスクトップが、ファイルだらけで見るからに散らかっている人がいる。請求書を作成するだけなのに、何処にしまわれているのかが分からず、探すだけで一苦労。簡単な作業ですら職人芸のように複雑になってしまうケースは、請求書作成に限らずたくさんある。**未完了は、物理空間だけでなく、電子空間上にも発生する。**請求書を作成するたびに未完了が復活するため、こんなに簡単な作業でさえ毎回億劫に感じられる。

物理的に部屋が散らかっていることも、未完了を発生させやすい。

散らかっていることがすべて悪いわけではない。本人にとって使い勝手がよく、生活していく上で何の支障もないのであれば、特段未完了は発生しない。

しかし、クリーニングに出す予定のシャツが溜まっていくのを見るたびに、洗濯が終わった下着や靴下が山積みになっていくたびに、クローゼットの真ん中にかかっている冬物のコートが邪魔だなぁと思うたびに、未完了は少しずつ復活し、確実にエネルギーを奪う。視点を部屋から家全体に広げると、なくなりそうな歯磨き粉を「あと何回かは使える」と言って少しずつ使っていたり、シャンプー、トイレットペーパー、洗剤、ミネラルウォーターなどの消耗品が残り少ないことを知っていながらそのままにしていることも、未完了をつくり出す。毎晩、風呂に入るたびに思い出す。風呂から上がると、そのことは忘れてしまう。しかし、明日の夜、それは確実に復活する。

未完了がある人は、スタート地点でもう遅れている

このように、未完了は人生のいたるところに発生し、しかも発生していることは本人に感知されづらい。

しかし、それらは確実に頭の中にとどまり、然るべきタイミングで現れ、完了されるまでエネルギーを奪い続ける。頭の中に、自分でも気がつかないものから気づいているものまで、未完了が山ほどある人は、目の前のことに集中力を発揮しようとしても、そもそもエネルギーを奪う未完了の方に集中力を奪われる。スタートの時点で、自分の能力の大部分を奪われた状態からのスタートとなる。

これでは、あまりにも足かせが大きすぎる。しかし、多くの人はまさか自分がそんな足かせをはめた状態からスタートしていることにすら気がついていない。**成果の出る人と出ない人では、実はスタートラインが大きく違う。**未完了の分だけ、スタートラインは自動的に後ろ側に引かれることになる。

では、どのようにすれば未完了を減らすことができるのか。
まずは、自分にどのような未完了があるかを認識することから始めよう。

未完了はおおよそ、
〃ヒト〃（人間関係）
〃モノ〃（使わない物が多い、壊れている、汚れている、残り少ない、複雑になっている）
〃カネ〃（貸し借りがある、不安や懸念がある）
の間で起こりやすい。このほかに、〃時間〃という概念もあるが、それは多くの場合〃ヒト〃の未完了に紐づいていることが多い。まずは、それぞれの領域でどのような未完了が発生しやすいかの例をあげていきたい。

〝ヒト〟の未完了

- 喧嘩している
- ひどいことを言ってしまい、そのことが気になっている
- ひどいことを言われ、そのことについてモヤモヤしている

⇩「ひどいことを言った」、「言われた」のケースは、時間が経過しても残りやすい。人によっては、小学校の時の先生に言われた「あの一言」が今でも未完了として残っているということもある

- 実家の両親にしばらく会っていない
- 祖父母の墓参りにしばらく行っておらず、そろそろ行かないとと思っている
- 田舎にいる恩師が、数年前に体を壊したと聞いて、それ以降どうなっているか知らない
- 同窓会をやろう、と言っていて誰が進めるかを決めていない
- 「今度ぜひ、飲みに行きましょう！」と言ったきり、何も進めていない。または、実は行く気がないのにそのままにしている

〝モノ〟の未完了

- 排水溝が汚く、異臭がしている
- 排水溝に髪の毛が大量に絡まっていることを知っているが、まだ水は排水されるためそのままにしている
- 換気扇の通気口が埃まみれになっている
- エアコンを何年も掃除しておらず、効きが悪い
- 網戸が汚く、あまり窓を開けたくないと思っている
- 可燃ゴミが溜まっている
- ペットボトルが溢れかえっている
- 歯磨き粉の残りが少ない
- 歯ブラシを変えておらず、毛が開いている
- トイレットペーパーが残り少ない
- 洗剤が残り少ない
- シャンプー、ボディソープが残り少ない
- 冷蔵庫の中に、使われていない調味料がある
- 下着、靴下に穴が空いていて、気になっているがまだ使っている

・観葉植物が枯れている
・電球が切れている
・2年以上着ていない服がクローゼットの中に複数ある

〝カネ〟の未完了

・お金を借りていて、貸主とはできれば会いたくないと思っている
・お金を貸していて、貸している相手からお金が返ってこない、または返ってこないのではないかという懸念がある
・公共料金の請求書が毎月届く（自動引き落としやカード払いになっていない）
・納めていない税金の支払い通知書がある
・親に引越し費用を貸してもらい、返していないがそのままうやむやにしている
・親の遺産相続についての話を、存命のうちに明確にしていない
・友人と一緒に行ったランチで肩代わりした1000円が返ってきていない
・一緒に乗ったタクシーで、友人が全部払ってくれたものの、奢ってもらったのか後で請求されるのかが不明である

・子どもの頃にもらったお年玉を、全部貯金しておくねと言われ、その後どうなったか知らない

このように、些細なものから大きなものまで、未完了は多く存在する。ヒト、モノ、カネの領域に発生している未完了をまずは認識するところから始めるために、10分間で紙に書き出してほしい。できるだけ多く書き出したいところだが、まずは20個を目標に書く。書き出す際、最初の方は勢いよく書けるが、10個を過ぎたあたりからネタがつき始める。それでも頑張って捻り出す。**20個くらいなら、確実にある。**些細なものでも構わないので、とにかく書き出してみる。

いますぐ15分で、完了する

実際に紙に書き出すと、実態の掴みづらかった〝未完了〟というものが目の前に現れる。それらは、あなたがパフォーマンスを発揮し切れなかった要因のひとつであり、間違いなくあなたから集中力を奪っていたものである。

20個書き切れた場合、「こんなにも未完了を背負って生きていたのか」と、その多さに愕然《がくぜん》とする。トレーニングを積んでいけば、20個どころか、100個であろうと容易に書けるようになるだろう。

いずれにせよ、未完了は書き出すことでその実態が明らかになる。

書き出した未完了を、どうするか？

上からひとつずつ、完了させていこう。ここで重要なのは、勢いだ。15分間で、できるところまでひたすら完了に持っていく。**「これはあとでやろう」は一旦禁止とし、とにかく上から順番に完了させていく。**

しかし、その場では明らかに完了させられないものがある。例えば、夫婦喧嘩中である、500万円の借金がある、いま外出中で家の風呂の排水溝の掃除ができない、実家の両親にしばらく会っていない、などがそれにあたる。この場合、以下のように完了させる。

◉夫婦喧嘩の場合

いますぐ相手に電話し、可能であれば喧嘩の原因について謝罪する。

真実や正義がどうあれ、喧嘩が起こっていることは事実である。または、こちらが一方的に怒っていたのだとしても、謝罪からスタートする。そのことで、喧嘩の大半は一気に完了に向かっていくことが多い。

どうにも自分の気持ちが落ち着かず、謝罪することが不可能であれば、「分かってると思うんだけど、いま、喧嘩していることについて帰ってからちゃんと話そう」と、喧嘩が起きていることを明確にし、そのことについていつ話し合うのかを決める。少なくとも何もやらずにモヤモヤしているよりは、一旦完了される。

◉多額の借金をしている場合

もし、あなたにいますぐ返せるお金があるのであれば、いますぐに振り込む。ただ、返せないために未完了となっているはずなので、借りている相手にいま電話する。

そして、「あなたからお金を借りていることは忘れていません。返す意思はあるが返すお金がない。確実に返すので、月々の返済額を○○にしてほしい」と、借りていることと返す意思があることを明確にし、相手に伝える。その上で、返済額や返済期間についての提案をする。

もちろん、その提案は相手に断られる可能性もある。

大事なのはうやむやのままにすることなく、明確にすること。**そのことで、完了に近づく。**

これは借りている人だけでなく、貸している人にも共通する。

貸していることが未完了となっている場合、いますぐ電話し、お金を貸していること、返すつもりがあるのかどうかを明確にする。もし、返ってくる見込みがなく、そのことが未完了を引き起こし続けるのであれば、勇気を持って「あれはあげたことにするから、もう返さなくていい」と言ってみてほしい。

もちろん、返ってこないことに言いたいことも山ほどあるだろうが、金額によっては、そのお金が返ってこないことの未完了により、あなたのパフォーマンスを下げられている方がよっぽど高くつく。いっそ諦めてしまった方が、その後のパフォーマンスを考えるとずっとコスパが良い。返せない相手に貸してしまった自身の未熟さを認め、諦める。そのことを完了して前を向いたら、そのくらいのお金はすぐにまた稼ぐことができる。

◉外出中で家の排水溝の掃除ができない

いますぐ、ハウスクリーニングの会社を調べ、予約する。「帰ったらやる」は、ほとんどの場合実行されない。そうやってまた未完了をひとつ増やすくらいなら、いますぐ予約しよう。予約した日が来ると、プロによるクリーニングで排水溝は見違えるほど綺麗になる。ついでに、エアコンも網戸も、すべて依頼してしまおう。お金はかかるかもしれないが、実際に依頼すると想像以上の効果がある。

お金で解決できることは、可能であればお金で解決してしまった方がいい。それは、ただお金を消費したのではない。自身のパフォーマンス向上に対する〝投資〟である。それくらいの投資は、自身のパフォーマンスが上がれば、余りあるほど回収できる。

「排水溝の掃除くらい、自分でできる」などとは絶対に思わないでほしい。できるのなら、そもそも汚くなっていない。自分でやることはさっさと諦めて、積極的に依頼する。お金で解決できるなら、むしろありがたいと思った方がいい。お金を使いたくないのであれば、家族がいる場合は家に電話し、「今日、帰ったら排水溝を掃除します」と宣言する。それでも約束を守らない人はいるが、少しは強制力になるだろう。

◉実家の両親にしばらく会っていない

いますぐ、実家の両親に電話しよう。そして、会いにいく日を決めて、電車や飛行機のチケットを購入してしまう。電話したからＯＫ、とすませてはいけない。あの時、電話でうやむやに片付けたな、という未完了がのちに復活する。恥ずかしさ、気まずさ、面倒くささなどいろいろあるかもしれないが、いま勢いのあるうちにやってしまわないと、後でもう一度考慮されることはほとんどない。やるのは、**いまこの瞬間、チャンスは一度しかない。**いますぐ電話し、日程を決め、チケットを購入するだけだ。

このように、いまこの場では完了できないと思われることでも、何らかのアクションを起こすことはできる。それが〝解決〟するかどうかの話ではない。**自分の中で曖昧になってテーブルの下に隠れているものを明確にして、テーブルの上に載せる。**そして、改めて向き合い、一つひとつケリをつけていくこと。これが、完了への道である。

しかし、その中でもどうしても完了できない、つまり、向き合うことすら困難なものもある。場合によっては、人に言えないもの、言いたくないものもあるだろう。

それらは、「これは未完了のままにしておく」と、一旦棚に上げておこう。「これは私の中でいまは扱わない」と決め、しかるべきタイミングで扱う。**ポイントは、〝扱えない〟のではなく〝扱わない〟と決めること。**それは、あなたの意志によって決める。

その際は、「この未完了に関して、何からだったら行動できるか?」と問いかけてみる。一気に完了に持っていく必要はない。できる範囲で、少しずつでいい。例えば、人間関係で癒えることのない深い傷を負っているとしたら、そのことをもし伝えられる人が現れたタイミングで、少しずつ伝えてみる。扱うには勇気がいるが、未完了を抱えたまま生きていくことほど不健康なことはない。多少のダメージを負うかもしれないが、完了する勇気を持って向き合えば、それ以上の何かを得られるはずだ。

まとめると、完了の仕方は大きく4つ

①いま、やる
②いま、誰かに依頼する
③いま、実行する日を決める
④いま、やらないと決める

①いま、やる

・高校時代の友人に「あの時、ひどいこと言ってごめん」と電話する
・実家に電話し、会いに行く日程を決める。同時に、お墓参りに行くことも依頼する
・パソコンのデスクトップを整頓する

- Amazonで、歯磨き粉、シャンプー、トイレットペーパーを5個ずつ買う
- 冷蔵庫の中の調味料を捨てる
- ゴミ箱を空にする
- 穴の空いている靴下を捨てる
- 観葉植物に水をあげる
- 未払いの税金を払う
- 公共料金の支払いを、口座引き落としかカード払いにする手続きをする
- 立て替えたランチ代1000円を請求する
- お年玉の貯金のありかを親に聞く

これらは、15分あればおおよそ完了できる。いますぐにやれることは、いますぐやる。

②いま、誰かに依頼する

- ハウスクリーニングの会社を調べ、排水溝、エアコン、網戸の清掃を依頼する
- 実家のお墓の清掃を、親か専門の業者に依頼する

これらも、15分のうちにほとんどが完了する。誰かに依頼する系は、〝モノ〟の未完了の多くを完了に持っていける。前述したように、お金で解決できることはお金で解決する。それは、自身への非常にリターンの高い投資である。

③いま、実行する日を決める

- 実家の両親に電話する日を決め、その日に電話する
- 排水溝の掃除をする日を決め、それを同居している家族にいま、伝える
- 古い観葉植物を捨て、新しい観葉植物を買いに行く日を決め、いま、予約する
- 2年以上着ていない服をまとめてフリマアプリなどに出品する日を決めて、いま、スケジュールに登録する

これらも、日程を決めるだけなら15分以内にほとんどが完了する。これは、どうしてもいまできない時にのみ使う。なぜならこれらは後回しにしてきたために、いまここで未完了として残っているのだから。

これ以上後回しにしないように、できればこの③は使わず、どうにかしていまこの場で完了

したいところだ。③を使う場合には、誰かと約束することで強制力を働かせておくと、実行される可能性が上がる。

④いま、やらないと決める

- 地元の友達に連絡し、「同窓会はやらない」と、いま連絡する
- 貸していたお金を、「返さなくていい」と、いま連絡する

手放すことは、想像以上に身を軽くする。手放すには勇気がいるが、一旦手放してみれば、執着していたことがどれだけ自分の足かせになっていたかを痛感する。曖昧なことを明確にする過程で、「これはやらない」「これは諦める」と決めてしまうことも、完了のひとつの形である。

完了すると軽くなる

ここまで、10分間で未完了を紙に書き、15分間で実行するということを実際にやった人は、

完了の効果を具体的に感じているはずだ。「スッキリする」という感覚になる。

そう、完了すると異様に軽くなる。決して新しくスペースを獲得、拡張したわけではない。元々あった自分のスペースの中に未完了が居座っており、それらがなくなっただけである。つまり、元々あったスペースを取り戻しただけである。

たったそれだけのことだが、パフォーマンスは劇的に改善する。しかも、それに要する時間は、わずか25分だ（10分で書き出し、15分で実行）。

パフォーマンスは〝上げる〟ものではなく、〝取り戻す〟ものであり、〝回復する〟ものなのだ。アプリケーションを搭載する前に、OSをアップデートする必要がある、と前述したが、正しくはアップデートする必要すらない。本来の自分を取り戻すだけでいい。

ほとんどの人間は、そもそもパフォーマンスが高い。それらが未完了によって自動的にパフォーマンスを下げられているだけであって、ひとたび完了されれば、元の高性能な自分に戻ることができる。

パソコンだって、ずっと使っていると動作がどんどん重くなる。定期的にキャッシュを清掃することで、動作が元のスピードに戻る。あれと同じようなものである。

常に完了状態でいる

完了状態の気持ち良さを体感すると、これからは未完了が気になり始める。「いま、やる」という感覚は、放っておくとすぐに後回しにするクセが頭をもたげる。「いま、やる」という排水管があるとして、何かを後回しにした途端、その排水管は詰まり始める。後回しの案件を積み重ねていけばいくほど、「いま、やる」排水管は詰まって流れなくなる。いざやろうとしてもどれから手をつけて良いか分からず、簡単な作業でさえ動かすことができなくなる。常にこの排水管だけは磨き続けておきたい。そのポイントはやはり、「いま、やる」ということを積み重ねていくことだ。

これが習慣として定着すると、コミュニケーションに変化が起こる。それは、会話の途中で相手に違和感を覚えた時、その場で完了しにかかるようになる。

実際に、私は妻との会話で「その言い方、やめてほしい」と何度も言ったことがあるし、言われたこともある。後回しにしないことがお互いの中で自然となっていると、未完了を残しづらい。

「今度、飲みにいきましょうね」という曖昧な約束が交わされそうになった時は、その場で「いつにしますか？」とスケジュールを決める。違和感、不快感、曖昧さを感じた時、多くの場合それを〝跨《また》いで〟後回しにする。それは巡り巡って未完了となり、自身のパフォーマンスを下げる。しかし、パフォーマンスを下げる元凶をつくったのは、相手ではなく、あなたが〝跨いだ〟ことに他ならない。だから、跨がない。気になったことはその場で解決し、少しも未完了を残さない。その癖がつくと、限りなく未完了は発生しづらくなる。

〝跨がない〟生き方を選択するには勇気がいる。

なぜなら、会話の中で発生した違和感、不快感、曖昧さをその場で完了すると、むしろ相手の方が不快さを感じる可能性があるからだ。

それで不快さを感じてあなたから離れていく人は、あなたが本来の自分を取り戻した時に、自然と離れていく人である。それが、早いか遅いかの問題である。むしろ、あなたに違和感や不快感を与えてくる人との会話によって、あなた自身のパフォーマンスを下げられ続けることの方が脅威である。

〝跨がない〟態度は、そのまま迫力となって相手に伝わる。「この人は、ここまでやると不快に感じる」という境界線がはっきりすることで、実は相手も会話をしやすくなることが多い。

自分自身の完了を最優先に生きると、不思議と同じような人間が集まる。お互い、自身の完了を優先することが分かっているため、それが許容されやすいからだ。自分自身に未完了が少ないため、相手との会話も嘘や後ろめたさがなく、常に完了状態で付き合うことができる。こういうコミュニティが形成されると、そこから生み出されるアウトプットの質は非常に高い。

自身の完了を優先せず、人や社会の顔色ばかり気にして未完了を増やし、パフォーマンスが自動的に下がったところで、人はますますあなたの境界線を平気で超え、新たな未完了を増やしにくる。それは、あなた自身があらゆる未完了を〝跨ぎ〟、許してきた歴史である。

少し勇気がいるが、何よりもまず自分自身の完了状態を優先して生きてみる。

そうすることで、パフォーマンスは劇的に、自分の想像以上に回復し、元々あった素晴らしい状態に戻るだろう。

ACTION!

- 未完了になっていること（ヒト、モノ、カネ）をすべて、書き出す。
- 未完了になっていることを、即座に片付ける。すぐにできないものは、やる日を決める。
- 未完了になっているもので、やらないことを決める。そして関係者に「やらない」と伝える。
- 今後、未完了を残さないために、「いま、やる」習慣をつける。
- 会話で相手に違和感を感じたら、即座に解消する。

第2章

考えずにやる

自分が行動したことすべては取るに足らないことかもしれない。
しかし、行動したというそのことが重要なのである。

ガンディー

自信という幻想

未完了を完了し、本来のパフォーマンスを取り戻したあなたは、さぞかしやる気に満ち溢れていることだろう。さぁ、いよいよ成果の出るやり方を実践する段階だ！　と思うかもしれないが、それはまだ早い。

部屋を綺麗にし、美しいお花を飾りたくなっても、まだやることがある。パソコンで言えば、動作の重さが解消され、元のスピードに戻っただけ。

実は、ＯＳのアップデートはここからが本番である。成果の出るやり方を実践する前に、ここで重要なワンステップを挟みたい。

２００７年、プロ野球1年目の私の年俸は４６０万円。クビになる6年目の年俸が、５８０万円。私のプロ野球生活での唯一の誇りといえば、契約更改で一度も減俸になっていないことである。というのは冗談で、一軍でヒットを1本しか打っていない私でさえ、微増ながらも年俸を上げてくれた球団には感謝以外何もない。

プロ野球選手は、2軍にいる限りは給料が600万円に向けて調整される、という説は非常に正しい。私の〝最高〟年俸は、580万円である。

プロは常に結果で評価される。この6年間で何があったかは給料が証明しているように、私がプロ野球で大成功を目指して必死に練習に励んだ成果は、6年間で〝120万円分〟だけ出た。

人生で、あれほど頑張った期間はないと思えるくらい、千切れるほど頑張った。その成果としては、あまりにも少ない、というのが私の実感である。しかし、これが紛れもない事実。**この事実をようやく受け入れるようになったのは、引退してしばらく経ってからである。**

プロ野球を引退した後、私はデータアナリストの仕事に就いた。野球の試合映像からデータを抽出するシステムをつくり、実際に社会人野球のチームに一年間帯同し、ひたすらパソコンの前でデータ分析を行った。

一度作業に入ると、22時間半はパソコンの前で没頭する。直前までアスリートだったため、体力は掃いて捨てるほど余っている。それらをすべてデータ分析に注ぎ込んだ。体重は14キロ落ち、常に寝不足なため顔色は非常に悪かったと思うが、プログラミングもコーディングも気質に合っていたためか、仕事そのものはとても楽しかった。

この仕事で得た報酬は、プロ野球選手を引退した1年目としては想定以上だったと言える。

私は、本格的にビジネスの世界に進みたいと思うようになった。プロ野球という特殊な世界を6年間体験したこと、パソコンの作業は人並み以上にできることもあって、傲慢ながらかなりの自信があった。さまざまな業種、業態の経営に関わってみたいという好奇心から、現在の仕事である経営コンサルティングの仕事を志した。

括りで言うとコンサルティングだが、内容は経営幹部に向けたコーチング。企業がどこを目指し、そこにどのようにして到達するかを支援する仕事である。この時26歳。マメだらけの手はすっかり綺麗になったが、その手には確かに自信と希望が握られていた。

スーパープレイヤーとの明確な違いは何か

しかし現実は、そう簡単ではなかった。何をやっても、うまくいかない。そもそも営業ということをしたことがないため、まったく売れない。経営や、ましてやビジネスのことなど何も知らない高卒の元プロ野球選手が、形のある商品ではなく、経営の支援をするからそれを買ってくれという提案である。普通に考えて、怪しすぎる。当然うまく行く気配すらない。

そんな中、年間1億円以上稼ぐ生命保険や不動産の営業マン、一本の広告コピーが数百万円するコピーライター、一回の講演が100万円以上する講演家など、異次元に稼ぐ彼らと幸運ながら話をさせていただける機会を何度か持てるようになった。

彼らの言っていることはいつも当たり前のことばかりだった。「感謝を忘れない」、「誰に対しても態度を変えない」、「小さな約束も必ず守る」などだった。当時てっとり早く成功を求めていた私にとっては、あまりにも味付けの薄いアドバイスに聞こえた。

私が知りたいのは、どうやったら大成功できるかの具体的なやり方やコツだ。

そんな当たり前のことは、当然自分はできていると思い込んでいた。なんなら、目の前にいるこのスーパープレイヤーたちと、自分の間にそんなに差があるとは思えなかった。

そういえば、プロ野球の時もそうだった。**目の前でプレーしているこの1億円プレイヤーと、580万円プレイヤーの私に、本当に20倍もの差があるとは思えなかった。**

私と、この人には少しの差しかない。キッカケさえ掴むことができれば、私だってああなれるに決まっている。

20倍の差があるという現実のことは横に置き、〃私の世界〃では、スーパープレイヤーたちと自分は同格に扱われていた。

考えていたら、永遠に成功しない

ある日、当時の自分には信じられないほどカッコよく、仕事での成果もバリバリ上げている尊敬する経営者に成功するためのアドバイスを求めに行った。彼は私の話によく耳を傾けた後、ほぼ無表情でこう言った。

「うーん。ひとまず、成功がなんなのか分かんないけど、とりあえず、一回電車に乗るのやめてみて。稼いでる経営者、大体電車乗ってないから、そこから真似してみたら?」

「なるほど……」と上の空で返事しつつ、私は内心とても考えていた。

(電車に乗らないということは、タクシー移動?)

(いや、そんなお金ないし)

（まぁ、言ってることは分かるけど、いまの俺には無理だな）
（稼げるようになれば、そりゃそうしたいよ）

その様子を見て、彼は少しがっかりしたような表情でこう続けた。

「あの、もしかしていま、考えてる？　考えてる限りは、永遠に成功することはないよ」

会話はここで終わった。考えている限り、永遠に成功しない。その言葉が頭の中で無限に反芻していた。

いまあなたのいる場所は、あなたの意思決定の結果である

たとえ望んでいないような現実だとしても、そこに連れてきたのは紛れもなくあなた自身である。

あるひとつの意思決定が決定的にいまの自分をつくっているかというと、そうではない。膨

大な意思決定〝群〟の結果が、いまの自分である。ケンブリッジ大学のバーバラ・サハキアン教授によると、人は1日に最大約3万5000回の決断をしているそうだ。

そんなにも多くの決定をしているものかと驚くが、詳細にその中身を見ていくと、朝起きた瞬間から膨大な意思決定を行っていることに気づく。いま起きるか、もう少し寝ていようか。トイレに行くか、まずは水を一杯飲むか。テレビをつけるか、どの番組を見ようか。何時に家を出るか、何を着るか。

朝起きて、まだ誰とも会っていない、言葉を一言も発していない段階で、すでに数多くの意思決定を通過している。これが一日中続き、1週間、1ヶ月、1年、10年と積み重なってたどり着いたのが、いまのあなただ。

仮にたどり着いたその場所が望むものでないとしたら、次にたどり着く場所を変えるには、日々の一つひとつの意思決定を変えていく他はない。では、どのようにすれば意思決定を変えていけるのだろうか？

引越しをすると、それがどれだけ理想的な引越し先であったとしても、非常に強いストレスがかかる。なぜなら、日々の生活の一つひとつを、これまでと違って意図的に行う必要があるからだ。

家を出て会社に向かうだけでも大変だ。何時に家を出て、どの道を通って、何線に乗って、何号車に乗って、どの駅で乗り換えをして、といったように住みなれた街であれば考えなくてよいことが、引越しを機にこれら一つひとつを意思決定しなければ会社にたどり着くことができない。

しかし、毎日毎日このように意図的に決めていくにはストレスがかかりすぎるため、次第に考えなくても同じ行動ができるようになっていく。これを、習慣化と呼ぶ。

最初の頃は一つひとつを考慮し、決断しなければ会社にたどり着けなかったが、次第に他の考え事をしながらでも無意識にたどり着けるようになる。1日に3万5000回の決断をしているとあったが、その実態はほとんどが習慣化された思考による決断であり、意図せずに決断をしている状態に近い。

だから、自らの意思決定を変えていこう！　と意気込んでも、そのほとんどは無意識のうちに決断が下されている。意思決定の一つひとつを効果的に行っていこうとしても、その他の膨大な無意識下の意思決定に中和され、結局は元通りになっていく。

しかも、この元通りになろうとする力は相当に強い。なぜなら、それは数十年かけて築き上げてきたあなた自身の思考の癖だからだ。

それを、わずか数ヶ月で書き換えようというのだから、そもそも自己を変革していくというのは我々が思っている以上に難題である。では、どうすれば無意識に下されている意思決定を書き換え、新たな思考パターンを身につけることができるのだろうか。

我々が扱っているもので、あまりにも無意識すぎて気がつかないものがある。それは、言葉だ。

例えば、「明日から電車に乗らない」という大胆な意思決定は、それなりの資源（主にお金）を必要とする。しかし、「言葉を変える」は、自分が意図すれば、いまこの瞬間から実施できる上に、何の資源も必要としない。

そして、数ある言葉の中でも、自己変革の最初の敵であり、最強の敵となる言葉がある。

それは、「でも」だ。

先述した尊敬する経営者から言われた、「電車に乗るのをやめてみる」という提案を受けた時、私の心の中の会話は、すべて「でも」から始まっていた。

（でも、タクシーに乗るお金ないし）
（でも、電車も十分便利だし）
（でも、成功している経営者で電車に乗っている人もいるわけだし）

アドバイスを求めたのは、私である。それに真摯に答え、提案をしてもらったにもかかわらず、私はそれを否定するばかりか、自分のアイデアが正しいかのように相手に反論しようとさえしている。

相手からすると、非常に不思議な体験だったであろう。「でも」は、あなたをいまのままの場所にとどめさせる強力な引力を発生させる。

しかもこの言葉は、ほとんどの場合、無意識に、反射的に脳内会話に登場するため、ほとんど気づくことができない。自分では自己を変革したいのに、知らず知らずのうちに元の自分の思考に強制的に戻されてしまう。これが連続して起こり、結局は変われないままそこにとどまることになる。

完全に降伏してみる

この引力を脱出する前に、改めて確認しておきたいことがある。**それは、「でも」という言葉で戻ろうとしている元の自分の思考は、あなたをここまで連れてきた思考だということだ。**

もし、あなたがいる場所が望むものでないのであれば、あなたをここまで連れてきたあなた自身の思考、意思決定は、ポンコツだったのかもしれない。

私がそれを認めるには、少し勇気が必要だった。

プロ野球選手時代の6年間、どれだけ血のにじむような努力をしようが、千切れるくらい一生懸命やろうが、最高年俸580万円で、通算安打1本という事実を受け入れないことには、何も始まらない。

私の問題解決能力は、6年間を費やしても通算安打1本で、年収580万円なのだ。**「でも」という言葉を使って戻ろうとしている世界は、580万円の思考の中である。**そこに戻り、そこから考え、そこで意思決定したことは、6年間で1本のヒットしか生み出さないのである。

もし、本当に自己を変革したいのであれば、あなたをここまで連れてきたあなた自身の思考に別れを告げ、そして諦めることだ。

自分と1億円プレイヤーには、確かに20倍以上の差があるということ。そして、それは意思決定能力が、ポンコツだからだったということ。**こうして完全降伏できたなら、初めてあなたは自己変革の入り口に立ったと言えるだろう。**

セブン‐イレブンのロゴを書いてみて、と言って、いきなり書ける人は稀である。しかし、セブン‐イレブンのロゴは、確かに何度も目に飛び込んできているはずである。もしかしたら、1日に10回以上目に入っている可能性もある。しかし、それは意図しないと見えてこない。風景としてではなく、フォーカスしてみた時に初めて、7ELEVEnのNが小文字のnで書かれていることに気づく。意識すると、急に見えてくる。

「でも」にも、同じようなことが言える。

自分が普段、口に出す、出さないを横に置いて、頭の中で「でも」を何回使っているのかということに意識を向けると、あまりの多さに驚くはずだ。「でも」は、自己変革における最初で最強の敵であるばかりか、許可もなく、気づかれることもなく、あなたの人生に何度も登場しては、強力な引力を発生させていく。

この言葉は、最初のうちはなかなか舞台を降りてくれない。だからこそ、「でも」が登場することと自体は許容しよう。

その代わり、「でも」が出てきた時に即座にその言葉を打ち消す言葉を用意しておこう。その言葉は、人によって違う。しかし、次の言葉は使いやすいので、ぜひ使ってみてほしい。それは、「はい！」「やってみます！」「知りませんでした！」だ。

「まず、電車に乗るのをやめてみて」

↓「はい！」

↓「さっそくやってみます！」

↓「成功している人は電車に乗ってないなんて、知りませんでした！」

本当に電車に乗らないかどうかは、一旦置いておく。（「はい！」なんて言ったら、ホントにタクシー移動になっちゃうじゃん）なんて考え始めると、引力に引き戻される。

まずは判断せずに、言葉を先に出すことだ。「知りませんでした！」と言葉に出してみることで、初めて分かる世界がある。

これは、言葉に出してみないと体験できない。そしてそれは、あなたが知っていると思っていても、本当は初めて「分かる」ことなのである。

「でも」は、思っているよりはるかに多く、人生に登場している。それらにフォーカスを合わせ、まずはその言葉に気づきに行く。そして、気づいた時には違う言葉で打ち消す。

これだけで、いままで体験したことのなかった新しい感覚が手に入るだろう。

「逆張り」──心が抵抗する方に行ってみる

私が自己変革に挑んだ時、世の成功している経営者の方々に習い、ランニングをする習慣を身につけようとした。

例に漏れず、一週間もすると「今日は走らなくてもいいか」という思いが脳を支配し始める。ある日、仕事をしていたら22時半を回っていることに気がついた。同時に、今日のランニングをまだしていないことにも気がついた。

外は暑く、仕事もまだ終わっておらず、何より疲れている。さすがに今日は走るのはやめておこうか、という気持ちになってきた。その時、そう考えている自分を俯瞰してみることができた。

（ここで、「走らない」を選択してきたから、いまの自分なんじゃないか？）
（もしかして、ここで「走る」を選択したら、人生初の選択なんじゃないか？）

私は、急にワクワクし始めた。

脳内では、580万円の私が「何を言っているんだ！　こんな遅い時間に、仕事も終わっていないのに、疲れているのに、あり得ない！」と叫んでいる。しかし、彼が叫べば叫ぶほど、私にはチャンスに思えた。**ここで「走る」を選択する〝だけ〟で、これまでやったことのないこと、経験したことのない人生に進むことができるのだから。**

私はパソコンを開いたまま、電気もつけたままで、勢いに任せて外に出た。夜の街を、全力で走る。頭の中では、相変わらず580万円の私が叫んでいる。その声は、ランニングが終わるまで続いた。30分後、汗だくの私が家の前にいた。

580万円の私は、まだ降参していない。そんな彼に、「なんだかんだ言っても、走りきったじゃないか。こんなこと、これまでの人生でなかったぜ」と、語りかけた。途中でどんな脳内会話があろうとも、起こったことは、22時半からランニングを行ったということだ。

あのような状態からでも、「毎日走る」という行動を継続することができた自分への自己肯定感がフツフツと湧き上がる。**「もしかして、自分の中の抵抗勢力が声を上げた時ほど、チャンスなんじゃないか？」と思うには、十分な体験だった。**

自分の一次反応を疑うことは、変化のチャンスだ。特に、「やりたくない」「考えられない」「理解できない」という抵抗勢力が声を大きくする時には、なおさら疑うといい。

そもそも、「理解できる」範囲というのは、580万円の思考の内側という証明である。〝電車に乗らない〟を即座に否定しかかったのは、それが私の思考の外側にあるためで、理解できないからだ。22時半から走ることに抵抗を示したことも、それが580万円の私の理解の外側にあるからである。**抵抗勢力が声を上げた時こそ、「おっ、ここが俺の思考の端っこか！」と、面白がるようになった。**そして、抵抗勢力が騒いでいることを、喜んでやるようになった。

かつての自分が思考し、意思決定したことの、逆をいく。徹底的に逆張り。

これを続けていくと、脳が混乱状態になる。これまで思考してきたこと、意思決定してきたことが、ことごとく採用されず、しかも逆側が採用される。どれだけ抵抗しても、この人はその声を聞いてくれない。

抵抗勢力は、徐々に抵抗することをやめた。**こうして私の中には、かつては思考するはずも**

なかった、選択するはずのなかった人生が、次々に現れた。５８０万円の壁が、音を立てて崩れていった。

「いいところを取り入れよう」は第二の敵

プロ野球選手時代、私はピッチングコーチにある相談をした。それは、「コントロールって、どうすれば良くなるんですか？」というものだ。野手である人間が、ピッチングコーチにアドバイスを求めにいくことはあまりない。しかし、プロのピッチャーがどうやってコントロールを磨いているのかというプロセスに興味があった私は、好奇心のまま質問した。

コーチはおもむろに3つのボールを私に渡し、「あそこにあるバランスボールに当ててみろ」と言う。15メートルほど先に、直径60センチほどのバランスボールが置いてある。そこに当ててみろ、という話だ。1球目、私が投げたボールは右に外れた。続けて2球目を投げようとした時、コーチは突然私に問いかける。

「いま、何考えてる？」

投球動作に入っていた私は投げるのをやめ、答える。

「えっ、右に逸れたんで、今度はもう少し左に投げよう、と思ってます」

「それじゃあ、コントロールは良くならない。お前に、〝もう少し左に投げる〞コントロールがあるのなら、最初から当てられるだろ。右に外れたなら、今度は左に外せ。三球目は、その間に投げろ。そしたら、当たる。いまのお前に、際どく修正する能力は、ない。それを認められたら、コントロールは良くなる」


私は、雷に打たれたように感動した。そしてこの考え方は、現在でもとても重要な教訓として私の中で生きている。

自己を変革する上で最も手っ取り早く、そして強力なやり方は、うまくいっている人の真似をすることである。しかし、真似をしているつもりでも、結局は自己流になっていることがほとんどだ。なぜなら、考えるからである。

考えてはいけない。真似をすると言うのは、0から100まで、すべて真似をするということだ。言葉、表情、間合い、姿勢、歩き方、履いている靴下のブランドまで、何から何まですべて真似をする。その中に、「ここは取り入れるけど、ここはやめておこう」という判断は入れてはいけない。

なぜなら、〝いいところを取り入れる〟判断能力は、残念ながらあなたにはないからである。何が良くて、何が悪いかという判断は、結局は元の自分の思考の内側である。そこで判断したことは、結局元の自分に引き戻してしまう。

それくらい、無意識に自分の思考や意思決定を信頼してしまうのだ。故に、自己変革ができない人ほど、〝素直じゃない〟。

「残念ながら、私には、右に外したボールを、もう少し左に投げるという修正能力は、ない」と認めてしまおう。**繰り返すが、できないことを認めることは勇気がいる。**

しかし、一旦認めて完全降伏ができれば、あらゆることが新鮮に見えてくる。

いままで知っていたつもりのこと、できていたつもりのことが、ほとんど未知のものだったことに気づくからだ。

変わるのは、いまこの瞬間から

自己変革の第三の敵は、「できるところから少しずつやっていこう！」だ。自分のできることから、少しずつやっていこうとしている時点で、既に自分の判断が介入している。それでは、結局は強力な引力に引き戻されてしまう。

自分を変えたいと思っているのならば、自分の判断を介入させず、いますぐこの場で行動を変えることだ。**もしも、自分の判断が介入した場合、躊躇なくその逆を行く。**できるところから少しずつではなく、いまこの場から、見たこと、聞いたこと、言われたことを、端から端まで全部やる、だ。

それには、もちろん強烈なストレスがかかる。いままで考えたこともないこと、やったことも、やろうと思ったこともないことが、次々と押し寄せる。しかし、それらに対して一切自分の判断を介入させず、とにかくやってみる。**それくらい振り切って行動を起こさなければ、強力な引力を振り切って宇宙空間に飛び出すことはできない。**

そこまでして、初めて見えることがある。

それは、周囲の反応だ。例えば、「あいさつをする時は、立ち止まって、相手に体を向けて、目を見てあいさつする」ということを教わったとする。小学生でもできる、コミュニケーションの基本中の基本だが、大人になってこれを忠実に実行できる人は稀である。しかし、これをとにかく徹底的にやったとしよう。

そうすると、二週間もすると周囲の反応が劇的に変わる。

まず、こちらではなく、向こうから立ち止まってあいさつをしてくれる人が出てくる。そして、多くの人は、あなたのあいさつに体を向けて返し始める。「丁寧にあいさつをしよう」とは言っていない。「立ち止まって、体をむけて、目を見て」だ。表面的なコンセプトではなく、行動そのものを真似した時に初めて、効果を発揮し始める。

もちろん、これをやろうとすると相当なストレスがかかる。なぜなら、「おはよう」「ありがとう」「すみませんでした」「おつかれさま」といった、すべてのあいさつについて実行するからだ。例外は、ない。やると決めたら、「できるところから」ではなく、「端から端まですべて」である。ここまでして初めて、効果が現れる。

しかし、その効果は絶大である。なぜなら、相手から返ってくる反応は、これまでの人生で経験したことのないものだからである。それは、必ずしもポジティブなことばかりではない。例えば、丁寧すぎるあいさつによって、堅苦しくて気持ちが悪いという人も出てくるだろう。

しかし、少なくともかつての580万円の思考の内側では、到底考えもしなかった人生が幕を開けるだろう。

それでも、ほとんどの人は言われたことを実行しない。

私はよく人に、「どんな本を読んだらいいですか？」と聞かれる。私の回答は100％毎回同じものに決めてあり、「デール・カーネギーの『人を動かす』を、3回読んだら人生変わります」と答える。

無論、ただの興味で何の気なく聞いてきた人もいるだろうが、私の回答を聞いて、実際に本を購入する人は20％ほどいて、次回会うまでに「読みました！」という人が3％ほどいる。私と会う前から『人を動かす』を読んだことのある人も、もちろんたくさんいる。

この本の中には、「名前を覚える」というパートがある。人を名前で呼ぶことの効果が非常に丁寧に、事例も交えて、それなりの分量で書かれている。しかし、「本読みました！」という人で、私のことを名前で呼んできた人はいない。同書の中に、「まずほめる」というパートもあるが、私との会話で「まずほめて」きた人もいない。

本を読んで、何かの学びになったとしても、行動に移さないのであれば、本を読む前と何ひとつ変わっていない。非常に厳しい言い方をすると、ただ、本を読んだ時間だけを人生で消費したのである。その時間を、両親や愛する人に感謝の言葉を伝えたり、時間を共有したりしていた方がよっぽど価値があっただろう。

行動に移さなければならない。本に書いてあること、尊敬する先輩に言われたことに感銘したのであれば、即座に、次の瞬間から行動に移す。**「そうだよな、まずほめることが大切だよな」と感心している場合ではなく、次に会った人を必ずほめる。**最初は非常にストレスがかかる。なぜなら、やったことがないからだ。しかし、やると決めたらやる。


「ちょっと恥ずかしいから、まずは身内からやろうか」

「いや、身内をいまさらほめるのも不自然だから、やっぱり会社の同僚にしようか」

「タイミング逃したから、次に会った時にしようか」


と言っている間に、記憶や意識の中から次第になくなっていき、最後は完全になくなる。

誰かがデール・カーネギーの『人を動かす』の話をした時に、「そうそう、人をまずほめるって書いてあったよね。俺も知ってる、その内容」と言って、やってはいないが知ってはいることを披露することで満足する程度の効果しか得られない。

できるところから少しずつ、ではダメだ。やると決めたら、いまこの瞬間から、端から端まで、すべてやる。

叱られないようになり、「判断」される恐ろしさ

これまでの自分に別れを告げ、580万円の抵抗勢力の逆を行き、即座に行動に移し続けることは、繰り返すが非常に強いストレスを感じることになる。

多くの場合、このストレスが強すぎるために、自己変革の初期で挫《くじ》けてしまう。前述したように、脳は無意識にストレスを避けようとする。よって、ストレスのかからない方に舵を切り、それを習慣化させる。ある程度年齢を重ねると、それまで習慣として積み上げてきた歴史の長さゆえに、新しい習慣を身につけたり、新たなストレスを受け入れることが非常に難しくなる。

だからこそ、若いうちに積極的にストレスを自分の人生に引き入れていく必要がある。「若い」というのは、ふたつの意味でストレスと向き合うことができる。

ひとつ目は、ミスをした時に叱ってもらえるという点だ。若いうちは、何かでミスをした時に、しっかりと叱ってもらえる。

それは期待されている現れでもあるし、その人に次回またチャンスを用意する意思があるからこそ、叱ってもらえるというもの。これが、ある程度歳を取ってからミスをした場合、ほと

んど叱ってもらえることはない。その代わりに待っているのは、「判断」である。

仕事を依頼した側からすると、（あぁ、この人に仕事を依頼すると、このくらいのクオリティしか出ないんだな。今度から、この人に仕事を依頼するのはやめよう）と、本人に何かをフィードバックすることは一切なく、勝手に判断されてしまう。

実は、これが一番恐ろしいことだ。しかし本人は何も言われないため、気づくことができない。若いうちは、何らかのフィードバックやお叱りを受けることで気づくことができ、チャンスも再び与えられる。

叱られることは、もちろんストレスを受ける。しかし、叱られることや、他者から自らの不完全さを指摘されることを恐れて逃げ続けていては、そのまま歳を重ね、気がつけば「判断」されるグループに入ることになる。

「会社は俺にチャンスをくれない！」

「俺は正当に評価されていない！」

と叫んでも、チャンスは十分に与えられていたにもかかわらず、ストレスを避け続け、成長の機会を見送り続けたのは自分自身である。それは、過去の自分から届いた負の遺産だ。

何を持って〝若い〟と定義するかは自分自身だが、**自分の人生で、ストレスを十分に引き受**

ける覚悟があるのであれば、是非積極的にチャレンジし、叱られることを厭わず飛び込んでいってほしい。

もうひとつは、若いということは、物理的に体力があるということ。ストレスに耐えうるには、精神的な意味だけでなく、実際の体力があったほうがいい。歳をとる前に、ストレス耐性を思いっきり鍛えた人は、ストレスに対する許容量がとてつもなく大きいため、体力が減ったとしてもストレスを引き受けることができる。

しかし、歳をとって体力が衰えると、ストレスがかかることを自然と選択しなくなる。気力の前に、体力の問題でついていけなくなる。若いうちは、「酒飲んで寝れば忘れる！」なんて言っていたことが、お酒も次第に飲めなくなり、睡眠の質も若い頃に比べて低下する。若い頃にできていたことは、歳を重ねると確実にできなくなる。

このように、ストレスを引き受けるということは、体力のある若いうちにしかできない。後になっては体力の問題で躊躇する。ワークライフバランスなどと言っている暇はない。

若いうちに、引き受けられるだけのストレスを引き受けた者だけが、真の意味でのワークとライフのバランスを享受できるのだ。

ACTION!

- 自分のこれまでの意思決定をポンコツであったと認める。
- 新しいことを始める時、「でも」という言葉を使わない。
- 「でも」が頭の中に浮かんだら、即座に違う言葉で打ち消す。
- 「やりたくない」と思ったら逆張りをする。それが従来の思考の外側につながる。
- 誰かの真似をする時は、その人のすべてを真似る。「いいところ取り」はしない。
- やると決めたら、「できるところから」ではなく「端から端まで」すべてやる。

第3章

具体的にやる

成果すなわち仕事からのアウトプットを中心に
考えなければならない。
技能や知識など仕事への
インプットからスタートしてはならない。
それら（技能、情報、知識）は道具にすぎない。
ピーター・ドラッカー

「やる気と一生懸命さ」だけの人間に、仕事を与えようという人はいない

「何をやったらいいかは分からない。ただ、とにかく体力とやる気だけはある」

プロ野球を引退した直後、私はこういう状態だった。前年まで現役選手だったため、体力はあり余っている。野球以外の未知の世界に飛び込んでいく期待と不安が入り混じった状態で、テンションもとにかく高い。仕事もまだ始まっていないため、社会の厳しさは愚か、お金を稼ぐとはどういうことかも分かっていない。いろんな人に会うたびに、「君は何ができるの？何をやりたいの？」と言われるものの、私の答えはいつも同じだった。

「なんでもやります！　やる気だけはあります！　一生懸命やります！」

お分かりのように、このように答える若者に、何か仕事を与えてやろうかという人はほぼいない。何をやったら良いかは分からないが、やる気だけはあるヤツが一番危険である。

しかし当時の私は、そんなことは露知らず、ただひたすらにやる気だけを垂れ流し続ける

日々を送っていた。そんなある日、実家の母親が上京し、あいだみつを美術館に行きたいとのことで、一緒に行くことになった。私は、あいだみつをの残した数々の言葉の中で、心に真っ直ぐ刺さる言葉を発見した。

アノネ
がんばんなくてもいいからさ
具体的に動くことだね
みつを

具体的に動く。私は、しばらく立ち止まって考えた。

「どうやったら、具体的に動けるんだろう」

そのヒントは、すでに私の中にあった。

1・78秒にする具体的な方法

高校時代、私はプロ野球選手になるにはどうすれば良いかを本気で考えた。当時の私はキャッチャーだった。キャッチャーという、専門的な技術が求められるポジションで、しかも高卒でプロ野球選手になるのは至難の業である。実際、同級生のキャッチャーで、高卒でプロ入りを果たしたのは、私を含めて4人しかいなかった。

それでも、私はプロに入るための方法を模索した。プロ野球に入るには、ドラフト会議で指名される必要がある。そして、誰を指名するかを決めるのは最終的には監督やフロントと呼ばれる球団を運営する人たちだが、その候補を全国から探してくる〝スカウト〟と呼ばれる人がいる。誰をプロ野球選手にするかを決めるのは、当然ながら〝人〟だが、まずはスカウトだ。ということは、彼らスカウトは、なんらかの尺度を持っているということだ。

プロ野球選手になれるかどうかの鍵を握っているのは、スカウトに何を見せるかにかかっている。当時の私はそう考えた。キャッチャーでプロ野球選手になるために必要なのは、何にも優先して、肩の強さである。インサイドワークと呼ばれる、試合をつくる力、配球、投手をリードする力などは、プロに入ってからいくらでも身につけることができるが、肩がプロ入り後に強くなることは稀だ。よって、その能力が最もスカウトにとって重要な尺度となる。キャッチャーにおける肩の強さとは、盗塁阻止の力である。つまり、ランナーが盗塁した時に、いかに素早くセカンドベース（以下、セカンド）にボールを転送できるかの能力のことだ。

一塁から二塁までの距離は、27・431mある。ランナーはリードを取るので、実際に走る距離はおおよそ24mほどだろう。この距離を、最も足の速いランナーで3・3〜3・4秒ほどで移動する。ピッチャーが投球モーションを起こしてから、3・3秒後には、セカンドに到達しているということだ。このタイムよりも早くキャッチャーがセカンドにボールを転送すれば、ランナーはアウトになる。プロ野球のピッチャーは、投球モーションを起こしてからボールがキャッチャーに到達するまで、1・25秒以内を目標としている。そして、キャッチャーが捕球してからセカンドにボールを転送するまでの時間が仮に2・0秒だったとしたら、

1・25秒＋2・0秒＝3・25秒

となり、どんなに足の速いランナーでもほとんどアウトになる計算である（実際はタッチプレーとなるため、タッチする動作が遅いとセーフになってしまうが、一旦それは置いておこう）。

この、キャッチャー側が責任を持つタイムは、一般的にセカンドスロータイムと呼ばれ、2・0秒はひとつの基準となっている。そして、2秒を切ると高校級、1・9秒を切ると超高校級、1・8秒を切るとプロ級、1・7秒台前半だと、超プロ級の扱いとなる。0・1秒の間に、ランナーは約70cm進む。タッチプレーで、70cmは致命的な距離である。0・2秒変わると1・4mの差になる。2・0秒と1・8秒のわずか0・2秒の間には、高校級とプロ級の大きな大きな差がある。このように、プロに入るための指標は、実は明確に数値で測ることができる。

高校2年生の冬。当時の私のセカンドスロータイムは、平均すると1・95秒付近であった。高校生レベルであればほとんどの盗塁はアウトにできるレベルだ。しかし、0・1秒縮めるごとにプロに近づくと考えた私は、その数値をより細分化することにした。

ホームベースからセカンドベースまでの距離は、約39m。私がもし、130km/hのボールを投げることができれば、ボールはその距離を1・08秒で移動する。さらに、私がもしボールを捕ってから0・6秒以内にボールをリリース（投げる）できれば、合わせて1・68秒で転送されることになる。計算上ではあるが、1・68秒でセカンドにボールが転送できれば、地球上のすべての人類をアウトにできるだろう。とにかく私は、130km/hのボールを投げること、

0・6秒以内にボールをリリースすること、この2つの練習だけに絞って、冬の間トレーニングに励んだ。

途中、小さいモーションで130km/hのボールを投げることは当時の私には不可能であると諦め、0・6秒以内にボールをリリースすることだけにフォーカスした。一球一球ストップウォッチで計測し、いかに素早くステップを踏むか、ボールの握りかえをスムーズに行うか、とにかく毎日0・6秒を目指した。

冬が明けて春になり、舞台は春の県大会の決勝戦。その初回、相手チームのランナーが盗塁を試みた。冬の間磨きに磨きをかけたセカンドスローから放たれたボールは、ランナーがセカンドベースに到達するよりはるか前に、セカンドのグローブに収まった。

タイムは、1・78秒。スカウトを目の前に出したそのタイムは、そのままプロ野球界へのチケットとなった。

すべてを数値に分ける

〝プロ野球選手になるため〟に、一生懸命練習することは不可能である。

ところが、〝0・6秒以内にリリースするため〟に一生懸命練習することは可能である。

このように、最終的な目標に至る過程を分解し、それを数値にし、その改善に向かって全力を尽くすことが、〝具体的に動く〟ということである。まずは、自らの目標を数値や、測定可能な指標にする。そして、現在地を明確に数値で表す。そうすると、目標と現状との間のギャップが、数値で現れる。

(例)
目標：セカンドスロータイム1・68秒
現状：1・95秒
ギャップ：0・27秒

次は、このギャップが生まれている要因を探り当てるために、プロセス全体を数値化する。

（例）

目標

1・68秒の内訳

↓捕球してからリリースまで0・6秒

↓130km／hのボールを投げた場合1・08秒

現状

1・97秒の内訳

↓捕球してからリリースまで0・8秒

↓120km／hのボールで1・17秒

このように分解すると、捕球してからリリースまでの時間をあと0・2秒短縮し、投げるボールのスピードをあと10km／h速くすれば、目標に到達することが分かる。こうして、練習するポイントはふたつに絞られる。前述したように、後者の130km／hのボールを投げることは途中で諦めたため、練習はひとつに絞られた。

目標に至るプロセスを分解し、それが数値化されたものを、ビジネス用語ではKPIと呼ぶ。Key Performance Indicatorの略で、日本語では重要業績評価指標と訳されることが多い。高校2年生当時の私にとってのKPIは、①捕球してからリリースまでのタイム0・6秒と、②投げるボールのスピードが130km／hというふたつである。ただし、このKPIはあくまで目標に至るプロセスを分解しただけの数値であり、その数値に至る内側には、さらに分解された要素が存在する。例えば、KPI①の、0・6秒以内にボールをリリースするためには、

①－1　ボールを捕球してから握り替えるまでのスピード
①－2　投げるためのステップを踏むスピード

とさらにふたつに分解することができる。上記①－1をさらに分解すると、

①－1－1　ボールをキャッチャーミットの芯で捕球する技術

①－1－2 ボールを最大限体の近くまで引き寄せて捕球する技術

のように分解することができる。**実際にここまで分解すると、それらは数値ではなく、数値を向上させる上での行動のコツのようなものになる。**何度も述べている通り、行動したことが結果になる。自分がどの課題に対して行動を起こしているのか、行動を起こしていることが、結果としてどうなったら成果が出たといえるのかを、明確にして動く。それが、〝具体的に動く〟ということである。

ゴールに至るプロセスを明確にし、それを指標化したものをKPIと呼び、そのKPIに影響を与える行動のことを、ビジネス用語ではKSF（Key Success Factor）やKDI（Key Do Indicator）と呼ばれる。

ここで言いたいのはビジネス用語のことではなく、目標へのプロセスを明確にし、実際にどのような行動を起こせばそこに到達できるのか、という**行動レベルまで把握できているかどうか、ということだ。**

「お金持ちになりたい」とか「有名になりたい」という漠然とした目標に対して、なんとなく一生懸命頑張るだけでは、それらの目標は永遠に手に入らない。

そもそも、それらは目標と呼ばない。実際に、どういう状態になりたいのか、どこにたどり着きたいのかを明確にし、そこに向けて具体的に行動して初めて、成果への道が開かれる。

売れる具体的なプロセスを出す

不動産や生命保険の営業マンにとって、成果を出すためのKPIは非常に明確である。ゴールは、〝契約〟であり、そこに至るプロセスは、おおよそ下記の通りだ。

①リスト数
商品の提案をさせてほしいという連絡ができる人の人数。

②アポイント率
商品のプレゼンテーションをさせてほしい、と言って会ってくれる確率。

③プレゼンテーション数
商品のプレゼンテーションをして、提案をする回数。

④契約率

提案を受け入れ、契約書にサインする確率。

⑤契約数

実際に契約に至った件数。

実際には、プレゼンテーションに至るまでにはもう少し複雑な過程がある場合もあるが、非常にシンプルにするとほぼこのような流れになる。実際に成果が出始め、〝売れる営業マン〟となると、ゴールは契約ではなく〝紹介〟となるなど独自のＫＰＩが発生し始めるが、それは一旦置いておこう。

営業マンとして〝売れる〟には、最終的な契約に至るまでのプロセス上の、どこに問題があるのかを明確に特定するところから始まる。

月に10件の契約を目標とするなら、その手前であるプレゼンテーションのアポイントは何件必要なのか。仮にＫＰＩ④の契約率が25％であるならば、40件のアポイントが必要となる。40件のアポイントを獲得するために必要なリスト数は、仮にＫＰＩ②のアポイント率が25％であるなら、１６０件のリストが必要となる。

このように、非常に単純な数値でもいい。まずは数値上でプロセスをデザインしてみることだ。

その後、現状の自分の数値を書き出してみて、KPIのどの部分が目標と乖離があるのかを見る。非常に単純だが、その数値を伸ばすこと〝だけ〟に行動をフォーカスすれば、確実に契約数は伸びる。

とにかく大量に行動する――数の勝負に勝つ

ここで多くの〝売れない〟営業マンは、確率に注目する。

上記でいうところの、②アポイント率と、④契約率である。どのように案内すると、プレゼンテーションを聞く気になってくれるだろうか？　と、伝え方や言葉を磨こうと練習に励む。

このように、顧客となりうる人に向けて、何を、どのように話すかを練習する行為は一般的にロールプレイと呼ばれ、〝ロープレ〟と略される。ロープレはもちろん、非常に重要である。

しかし、多くの売れる営業マンはロープレによって確率を上げることではなく〝母数〟に注目する。

「160件のリストが最終的に10件の契約をもたらすなら、1600件なら、100件だな」

という具合に、とにかく母数の供給に目を向ける。

これには、理由がある。生命保険の営業マンとして、伝説的な成果を残した方が言うには、「率を上げる最短の方法は、数をこなすこと」だそうだ。

彼は、ナンパを例に挙げて非常に分かりやすく解説してくれた。

「ナンパにおける成果は、どれだけ多くの女の子から連絡先を教えてもらえるか。そう考えると、1番重要なのは、とにかく多くの女の子に声をかけること。立ち止まって、『なんて声をかけようかな……』などと考えてるうちに、とにかく行動を起こすヤツに全部持っていかれる。声をかけまくっているうちに、『あ、この角度から声かけたら立ち止まってくれるな』とか、『一言目はこう言った方がウケがいいな』という感覚を掴んでくる。そうすると、だんだん上手になってきて、自然と確率も上がる」

彼がロープレをやらないわけではない。むしろ、誰よりも多くロープレを行う。しかし、彼はロープレをやる時間帯が他の営業マンとは違っていた。

「日中の、営業時間でロープレをやっている時点でまず売れない。人は、起きている時間にしか会えない。人が起きている時間は人と会うことに集中。ロープレは、人が寝てる時にするもの」

圧倒的な数をこなせば、成果は確実に出る。そして、数をこなしているうちに確率はみるみる上がる。結果として、数にフォーカスした方が圧倒的に短い時間で成果を出すことができるのだ。

そうはいっても、数をこなそうとすると、あらゆる障害が待ち受ける。

それは、①に時間、②に体力と精神力、③に〝楽をしたい〟という欲だ。

上記のKPIの流れで言うと、最上流はリスト160件。いざこれをつくろうとしても、友達が急に100人増えることはない。実際には相当な量の行動を起こして、少しずつリスト（連絡できる人の数）が増えていく。

それだけの行動を実際に起こそうとすると、相当な体力を要する。「いきなり連絡したら嫌われないかな」「強引だと思われないかな」と言った精神的な障害を乗り越える精神力も要する。そして、仮にKPI②のアポイント率が50％になれば、上流のリストは半分の80件でこと足りる。そう考えると、時間、体力、精神力を使ってリストの数を増やすより、ロープレを繰り返して確率を上げたほうが効率的だと思うのが人の常だ。そうして、数の勝負から逃げる。それは、限りなく〝普通〟の流れである。

だからこそ、この数の勝負に立ち向かったものだけが、〝普通ではない〟、売れる営業マンへと成り上がることができるのだ。

売れる営業マンをよく観察すると、最小限の行動で最大の成果を得ているように見える。言い方を変えると、「あんなに楽してるのに、やたら成果が出ている」ように見える。

なぜなら、彼らはすでに〝売れている〟人であり、過去に大量の行動を起こしたことによって、確率がすでに最高レベルまで上がっているからだ。**どのように行動を起こせば成果が最速で上がるかということを、経験の中ですでに体得している。**

駆け出しの営業マンが、売れている営業マンに見習うべく、彼らの行動を観察し、自分のものにしようとする。多くの営業マンが、「これだったら、俺にでも簡単にできそうだ」と思う。しかし、すでに〝売れている〟営業マンの動きは、駆け出しの営業マンにとって何の参考にもならない。彼らは、大量行動期をとっくに過ぎているからだ。

駆け出しの営業マンが一番参考にするべきは、1日に一番長い距離を移動している営業マンである。

ある会社では、売れる営業マンに共通していることは、売れるちょっと前の段階で、1日に3万歩を歩いていたかどうか、だったという。

売れるに従って、動きが洗練され、必要最低限の動きに絞られていく。**しかし、その前には大量行動期があり、その時の動きこそが売れるためのステップだといえる。**

彼らの動きを見れば、「売れる前に、どのくらい行動を起こしていたか」を知ることができるだろう。

AIに見る、超大量行動の成果

数値を明確にし、課題に対して大量に行動を起こしているにもかかわらず、成果に繋がらないケースももちろんある。その原因の多くは、自らの判断の介入である。言い方を変えて言うならば、「自己流」でやってしまうからである。**すでに何度も述べたように、「自己流」は、パフォーマンスの低いかつてのあなたのやり方だ。**では、どのように自己流は介入してしまうのだろうか。

どうにかプレゼンテーションまでたどり着いたとして、プレゼンテーションが非常に上手であるにもかかわらず、契約に至らないケースがある。売れている営業マンと比較しても、やっていること自体にはなんら遜色はない。しかし詳細に見ていくと、わずかな違いを見てとることができる。例えば、シャツの襟のよれ具合や、履いている靴の磨き具合などである。そんな些細なことで、と思うかもしれないが、そんな些細なことが成果を大きく分ける。

〝売れる営業マン〟の外見というのは、実は統計でほとんど決まっている。

- 髪型は短髪で横が刈り上げ
- 紺スーツ
- 白シャツ
- 黒革ベルト
- 黒革ベルトに白フェイスの時計
- 黒革靴

上記が、統計的に売れる営業マンの外見だそうだ。前述した伝説的な営業マンは、この格好以外しない。彼にもファッションの好みはあるが、その理由は、「これが統計的に一番売れるから」とのことだ。彼は、こう付け加える。

「自分のファッションの好みなんて、まったくどうでもいい。これが統計的に一番売れてる格好ですよと言われたら、それ以外の選択肢はない」

ある日、ＡＩの研究者と話す機会があった。彼は日本を代表する企業のＡＩ研究のトップを任されている。そこで見せていただいた興味深い映像がある。

それは、ブランコにくくりつけた人型のロボットにＡＩを搭載し、何のデータも入っていない状態から、このロボットの漕ぐブランコの振り子がどれくらい大きくなるか、また、どのくらいの時間でそこに到達するかを計測する実験である。最初、ロボットがただひたすらもがき続けるだけの映像が流れる。

その間にも、ロボットの内部では「どのように動いた時、振り子が最も大きくなったか」という情報が蓄積され続けている。

ただもがくだけだったロボットは、次第に規則正しい動きを繰り返すようになっていく。そして、ブランコを漕ぐ際に重要な、膝の動きによって勢いをつける動きを覚え、振り子が後ろに振れた時のみならず、前に振れた時にも膝で勢いをつけるようになった。

振り子は次第に大きくなり、ついには大回転が始まった。一度回り始めたロボットは、その後もひたすら回り続け、ここで動画は終わった。ロボットが無機質に大回転し続ける映像の衝撃は、動画が終わっても強烈な余韻となって残り続けた。

ロボットは、判断しない。起こした行動によって、最も大きく振り子が振れた情報だけに着目し、次の行動ですぐさまトライする。そして、大量行動の中から、常に最もうまくいったやり方〝だけ〟を残し、行動を起こし続ける。無論、最初の動きは非常に不器用だ。しかし、あっという間に規則正しい動きを身につけてしまう。

人間が機械のように動くことはおそらく不可能だろうが、〝自己流の判断〟ではなく、〝何がうまくいくやり方なのか？〟という観点のみによって得た情報から行動を起こすことは、成果への最長距離をたどりつつ、最速の道だと言えるだろう。

「そうは言っても、やりたくないな、カッコ悪いな、恥ずかしいな、という精神的な障壁って、ないんですか？」

と、伝説の営業マンに聞いてみた。彼の答えは非常にシンプルなものだった。

「あるよ。でも、売れないのが一番カッコ悪い」

目標を明確にし、プロセスを具体化し、自分の判断が極力介入しない状態で行動を起こす。**まずは精度ではなく、行動量の方にフォーカスし、とにかく大量に行動を起こす。**断じて、〝一生懸命やる〟という解決策に逃げてはならない。多くの場合、一生懸命やることが善だと捉え、そこに邁進する。無論、一生懸命やることは重要だ。しかし、そこで思考停止になってはならない。

多くの人は、具体的に思考することを諦め、行動も起こさない。つまり、成果を出したいのであれば、具体的に考え、行動を起こす〝だけ〟でいい。ただこれだけのことで、多くの人たちと違いをつくることができる。成果を出すことは、実は非常にシンプルなロジックの上に成り立っているのだ。

ACTION!

- 一生懸命動くのではなく、具体的に動く。
- 目標につながるプロセスを細かく分解する。
- 自分のやっていることが、結果の何につながっているかを明確にする。
- 効率を上げる前に、行動の量を上げる。量をこなせば確率が上がる。
- 自己流で判断しない。うまくいった行動のみから、次の行動を判断する。

第4章

価値の本質に気づく

大切なのは、疑問を持ち続けることだ。
神聖な好奇心を失ってはならない。

アインシュタイン

「夢、小さいですね」

「なんで、野球辞めたんでしたっけ？」

「えっ、いや、クビになったんです。辞めたんじゃなくて」

野球を辞めて2年が終わろうとしていた頃、私はある経営者にアドバイスを求めるため、ランチにお誘いした。上場企業の創業経営者で、若くして一財を築いた人物である。忙しい仕事の合間の時間で、彼は食事を掻き込みながら私にいくつかの質問を繰り返した。

「でも、続ける道もあったんでしょ？　だから、辞めたのは最後は自分の意思。なんで続けなかったの？」

「うーん、僕の才能から考えると、おそらく最も上手くいって、奇跡が起きたとして、野球で稼げるのは年俸3000万円くらいがマックスだと思うんです。しかも体のことを考えると、プレーできても33歳くらいまで。おそらく、それが僕の野球選手としての限界値です。辞めた当時が24歳でした。33歳で3000万円の給料がゼロになるんだったら、いま辞めれば、33歳から3000万円稼げると思ったんです。だから、僕は続けませんでした」

彼の食事を掻き込む手が止まった。そして、視線がゆっくりとテーブルから私の方に上がってくる。視線は、私の目を捉える少し前で止まり、少しぼんやりとしてつぶやく。

「33歳で、3000万円ですか……」

私は、焦った。ビジネスで成功を収めている経営者に向かって、少し大きなことを言ってやろうと、調子に乗ってしまったのかもしれない。

社会について何も知らない若造が、3000万円などという絵空事を言ってしまい、相手をしらけさせてしまったかもしれない。

居心地が悪くなった私は、彼の次の一言が出てくるまでの時間を永遠の長さかのように感じた。遠くを見ていた彼の目が、私の目をハッキリと捉える。目を真っ直ぐ見たまま、口を開いた。

「夢、小さいですね」

彼の無機質な声が頭の中に広がる。何を言われているのか分からず、私は一瞬言葉を失う。

「3000万円稼げる」は、私の中ではかなり無理した大口だった。しかし、彼はその大口を、「小さい」と言っている。呆気にとられる私を置き去りにするように、話は続く。

「あれ、そもそも、18歳の時に契約金で3000万円くらい稼いでるんじゃないですか？」

「あっ、それは契約金です。給料は460万円でした」

「いや、それは関係ないですよ。18歳の時、3000万円と給料を足したら、確かに3460万円稼いでますね。なんで、33歳で18歳の稼ぎに戻ろうとしてるんですか？」

私にはいろいろと言いたいことがあったが、お金の話になった途端に何倍にも増した彼の迫力に押され、言葉がまったく出てこなくなってしまった。

「いま、26歳でしたっけ？　3000万円なんて、あと3年でクリアしないと話にならないですよ。33歳の時には、3億って言ってないと。少なくとも、同期の選手はそれくらい稼ぐんじゃないですか？　なんで、そこを目指さないんですか？」

返す言葉は、見当たらなかった。言いたいことも、なかった。

頭の中が混沌とし、「夢、小さいですね」という声だけが異様な大きさとなって増幅している。そんな私を見て、彼の視線は再びテーブルに戻っていく。食事を掻き込む手の動きは、さっきよりも速くなっているように見えた。

3000万円稼ぐとは具体的にどういうことか

給料3000万円とは何か。口からデマカセのごとく思いつきで言ってみたものの、その金額を真面目に考えたことはなかった。3000万円という稼ぎは、時給1万円の人が、1日10時間、月に25日働いて、それが12ヶ月続いた時のお金である。

こうして数字にすると、最も現実からかけ離れているのは、「時給1万円」である。当たり前だが、時給1万円とは時給1000円の10倍である。

（時給1000円の人の、10倍働いたら、時給1万円になるの？）
（そもそも、同じ時間で10倍働くって、どういうこと？）
（1人で10人分の働き？　それ、10時間も体もつの？）
（いや、ほんとに10倍ってナンだ⁇）

頭の中で、「時給1万円」がぐるぐると回る。一体、何が10倍になれば時給1万円が実現するのか。

プロ野球選手時代、オフシーズンにトークショーや野球教室といったイベントに呼ばれたことがある。ある有名選手のトークショーにオマケとして出演させていただいた時、1時間のトークショーの出演料は10万円だった。無論、それは有名選手のトークショーによって発生した報酬であり、私はあくまでオマケとしての出演だ。

あれは、時給10万円だったと言っていいのだろうか。あの時間、私は本当に時給1000円の人の100倍働いたのだろうか。こうして考えていくと、支払われている報酬とは、時間や労働に対して支払われているという発想ではなく、その人のもたらした価値に対して支払われているものであるということに気がつく（先のトークショーで私が得た10万円は、有名選手がもたらした莫大な価値のおこぼれであることは言うまでもない)。

では、価値とは何なのか。

普段から何気なく使われていて、その文字も読める上に、意味も文脈の中だとイメージはできる。ただ、その本質を考えたことなどなかった。価値とは何か。向き合って考えるには十分なテーマだと思った。

お金とは何か？

我々人類は生存戦略として、社会性を育み、群れで生きることによって種を拡大し、地球上では天敵がいないほどの勢力となった。

太古の昔、お金というものがまだ開発される前、人々はモノとモノを交換することによって生命活動を紡いできた。例えば、山で採れた木の実100個と、海で取れた魚1匹を交換する、と言った具合に。モノとモノを交換しようと思った時、人々は交渉をする。木の実100個と、魚1匹は、交換する上でふさわしいのかどうか、どちらかが得、または損をしないように、慎重にそのラインを調整し、〝等価交換〟を目指す。

「この魚は、大変な思いをして獲った魚だ。木の実なんかとは交換できない」

「いや、この木の実は断崖絶壁にある木から取れる希少種で、とてもおいしい。十分交換するに値する」

「いや、この魚はいまが〝旬〟なんだ。だから、やはり木の実100個とは交換できない」

という会話が行われたかどうかは定かではないが、それぞれの主張を繰り返し、落とし所を見つけて最終的には交換される。モノとモノであれば、形が見えているだけに等価交換の納得がしやすい。しかし、モノとサービスになった時、等価交換の難易度は上がる。例えば、靴を直す職人のサービスと、リンゴを等価交換するにはどうすれば良いのか。

「うちの畑で採れたリンゴ6個あげるから、靴を直してほしい」

「いや、俺リンゴ好きじゃないから、何個もらってもできないよ」

「いや、うちのリンゴ6個はミカン20個と交換できるから、一旦リンゴもらった後に、ミカン

20個と交換できるよ」
「いや、俺の靴を直すサービスはこの辺で一番の技術だから、ミカン20個くらいじゃできないよ」

といった具体に、サービスは目に見えない分、何と交換すればそれが手に入るのかが分かりづらい。こういった複雑な価値の交換をスムーズにするために開発されたのが、貨幣である。リンゴ1個をいったん貨幣と交換しておけば、交換した貨幣は別の何かと交換することができる。リンゴが嫌いな人でも、貨幣となら交換してくれる。

これが貨幣の持つ交換機能である。

そして、リンゴは一定期間経つと腐ってしまうが、貨幣は腐らない。これが、価値保存機能。

最後は、価値尺度機能だ。

これは、基準をつくることでモノの価値が一旦貨幣に代替される機能である。

お金は、信用で成り立っていると言われている。

リンゴ1個の価値は目に見える上に、食べることでリアルに実感することができる。しかし、それが貨幣に代替された時、貨幣は見えるが食べることはできない。貨幣そのものには価値がないが、交換した時に初めて役割を果たす。日本円の1万円札を製造する際にかかる原価は約20円だそうだ。あの紙1枚は、20円でつくることができる。しかし、交換する時になると1万円という価値になる。

これは、あの紙1枚に、「1万円の価値がある」と信じている者同士が交換するからに他ならない。サルには、1万円札の紙幣は見えるが、その先に信じられている1万円分の価値は見えない。その紙切れよりも、バナナの方がよっぽど価値があるだろう。

以前ベトナムを訪れた際、タクシーで空港に向かった。搭乗時刻がギリギリで焦っており、しかもベトナムの貨幣であるベトナムドンを持っていなかった。クレジットカードも使えず、持っていたのは日本円の1万円札のみ。タクシー料金は日本円で1000円ほどだったが、料金を支払うには、この1万円札には約163万ベトナムドンの価値があるということを信じてもらうしかない。しかもその上で、約150万ベトナムドンのお釣りをもらいたい。いよいよ搭乗時刻が迫ってきた。

私はお釣りをもらうことは諦め、「This is Japanese money!!」と言い、携帯電話の計算機に1,630,000と打ち込んで、運転手に見せた。運転手はなぜか嬉しそうな顔をして1万円札を受け取り、なんとお釣りまで返してくれた。あの瞬間、タクシー運転手は私と、私が渡したあの紙切れの価値を信用したのだ。貨幣は信用で成り立っている。つくづく、よくできたシステムで、よく発明したな、と思う。

なぜ山頂では水が3倍の値段で売られるか

ミネラルウォーター1本は、通常約100円で買える。しかし、登山などで山頂にたどり着くと、300円ほどで販売されている。中身に3倍の変化が生じたわけではない。売っている場所が変わっただけである。それだけで、価格は3倍にも跳ね上がる。価格とは、どんな影響を受けて変動し、何によって決定されるのだろうか。

我々が、価格を一切聞くことなく、サービスを一通り受けた後、最後の最後に価格を知ることになるあるサービスがある。そして、その金額がいくらだろうが、ほぼ確実に支払う。しかもそのサービスは、ほぼすべての人が受けたことのあるサービスだ。

それは、病院である。無論、ある程度の価格が分かっていて診察を受ける場合もあるだろうが、もっと緊急度の高い時に価格を確認する人はいないだろう。

例えば、急にお腹が痛くなり、病院に行ったとする。診察の結果、いますぐに手術をしなければ、明日にはこの世にいないだろうと先生が言う。この場合、何と言うだろうか。

「それ、いくらかかりますか？　他の病院と相見積もりして、一番安いところで手術したいので、価格を教えてください」

という人はまずいない。救急車で運ばれ病院に着いた時、看護師や医者が、「いますぐ緊急手術します！　費用は200万円かかりますが、どうされますか⁉　他社と相見積もりされますか⁉」と聞くこともない。

緊急度の高い手術は、「とにかくやってくれ！」が、ほとんどの場合の回答である。手術が無事終わり、一命を取り留める。後になって、請求書が届く。その金額に驚くこともあるだろう。しかし、払えないということはあっても、払わないということはないはずだ。なぜなら、それは命を救ってもらった値段だからだ。

このことから私は、価格とは、「問題解決の量」なのではないかと思うようになった。価格は需要と供給によって決まる、という定説は、実はずっと私には受け取りづらいものだった。

しかし、問題解決の量と表現してから、私の中では整理がつき始めた。

山頂まで水を運ぶ過程でかかった運搬費用や労力が価格に乗っていることは間違いないが、山頂で水を買う人がいなければ、3倍の価格は成立しない。たしかに、山頂で水を飲みたい人（需要）と、水を提供するためにかかる労力（供給）によって価格が決定されているのだが、山頂で飲む水が解決する問題の量が街の中の3倍ある、と言われれば、私にとっては納得度が高い。

緊急手術によって請求される価格がいかに高くても、それは命を救ってもらった価格。高くて当然である。問題解決の量は、山頂で飲む水が解決する量とは比べ物にならない。

以前、新幹線で東京から京都に向かって旅をしている際、大雨の影響によって浜松駅付近で立ち往生したことがある。

車内アナウンスによると、再開の見込みは立っていないとのことだった。10分、20分と経過するにつれて、車内の雰囲気が殺伐とし始めた。明らかに、乗客の気が立っているのが感じ取られる。その時、一緒に旅をしていた友人が面白いことを提案してきた。

「いま、車内販売のワゴンごと買い占めようか。あと30分もすれば、みんなが水とかビールとか欲しくなるだろ。あと1時間もすれば、弁当も食べたくなる。その時になって、買い占めた効果が出てくる。2倍の値段で売れば、元手の2倍になるぞ」

私は、友人の商魂に感動した。何かトラブルが起きた時こそ、商機。彼はいつもこんなことを考えているらしい。

「でも、買い占めた後にすぐに電車が動き始めたら大損。だから、リスクごと買えるかどうかだね」

売っているものが同じでも、状況が変われば価格が変わる。**それは、売っているものが解決する問題の量が、状況に応じて変わるからである。**〝お金に強い人〟の頭の中を垣間見た気がして、私には非常に大きな学びとなった。

価格はどちらにつくか？

ひとりでは生きられないこの群れの社会で、我々は価値を交換することで人としての営みを続けている。価値はいったん貨幣に代替され、貨幣を交換することで等価交換をスムーズに行っている。その際、価値の尺度である価格は、問題を解決する量によって決定される。

水は、乾いた喉を潤す。手術は、命を救う。バッグは、一度に多くのものを運ぶという問題を解決するが、ブランドバッグは加えて承認欲求を満たすという問題解決も担っている。本来の、ものを運ぶという機能だけを考えれば他のバッグでも同じことができるが、ブランドでなければならない理由は、そこに人間のさまざまな感情が渦巻くからだろう。

問題解決というのは、実にさまざまな場面で発生しており、その度に価値が生まれ、その代替物である貨幣が動く。つまり、お金を稼ぐ、多くのお金を自らの元に呼び込むには、それだけ多くの問題を解決し、価値を生み出せばいいということになる。

3000万円稼ぐというのは、3000万円分の問題を解決した結果である。**労働した時間に対する対価ではなく、問題解決の量だ。**

たとえ1日の労働であっても、それが3000万円分の問題を解決したならば、それで3000万円の報酬を得ることも可能になる。

しかし、我々は皆がそのような特殊技能を持っている人間ではない。医者であれば〝命を救う〟という問題解決の実行者となれるが、皆が医者ではない。手術をして命を救う機会が仮にたくさんあったとしても、その問題は限られた人にしか解決できない。

では、価値を生み出す問題解決とは、何なのか？

問題解決は多くの場合、〝解決策〟の方に価値があると考えられている。我々が育つ過程、主に学生時代でも、いかに正しい答えを出すか、魅力的な、クリエイティブな答えを出せるかが評価の対象になってきた。社会に出ても、解決策を出せる人、実際に解決できる人に多くの報酬が支払われているように見受けられる。それは一方では正解だが、価格を決定するのは実はそこではない。

価格は、解決策ではなく問題の大きさに比例して大きくなる。

水ひとつとっても、水というものが解決するのは喉の渇きという問題である。水という解決策は変わらないのに、喉の渇きという問題が大きくなるにつれて価格は上昇する。

同じ水でも、砂漠の真ん中に行けば、価格は跳ね上がるだろう。手術という解決策も、それだけでは価格がつかない。健康な人に手術を売っても、間違いなく値はつかず、売れようがない。体に重篤な問題が生じた時に、その問題の大きさに応じて、価格は決まる。

問題解決は、解決策ではなく、問題の方により多くの価値が集まる。

言い換えるならば、問題の大きさは、そのまま価格の大きさになるということだ。

問題解決の本質とは何か？

目の前に、問題解決のチャンスがあったとしよう。問題も明確に特定でき、その解決策も明確になっている。

それでも、問題が解決されないケースがある。以前、テレビで心理学者がこんな問題を出していた。

「家で彼女とテレビを見ている時に、彼女が〝ちょっと頭が痛いんだよね〟と、言ったとしましょう。この時、何と言うのが正解でしょう」

という問題だ。

なるほど、この手の話は、男性はすぐに「頭痛薬飲んだの？」と、解決策に走る傾向にあり、それが女性の気分を害するという話だろう。おそらくそれは典型的なダメ解決策で、答えは、「大丈夫？」と心配してあげることだと予想した。しかし、答えは意外なものだった。

「正解は、〝気づいてあげられなくてごめんね〟です」

そんなアホな！　と、思わずテレビの前で声に出してしまった。しかし、偉く共感している妻の様子を見ると、この解答はかなり的を射ているのだろう。

表面上の問題解決は、問題解決にならない。この場合、頭が痛いという問題は本当の問題ではなく、その問題に対しての解決策は、仮に１００％正しかったとしても問題解決にならない。

The right answer to the wrong problem is very difficult to fix.
間違った問題への正しい答えほど、始末におえないものはない

とは、ピーター・ドラッカーの言葉である。

実際に彼女は「頭が痛い」という問題を口にしたとしても、それは本当の問題ではない。本当の問題は、「もっと私のことをかまってほしい」だったのかもしれない。だからこそ、「気づいてあげられなくてごめんね」が、正解となるのだろう。

以前、ある心理学者からこんな話を教わった。

小学校で、女の子へのイジメを何度注意してもやめない男の子がいた。先生による指導をどれだけ厳しくしても、親を呼び出しても、それが改善することはなかった。ある日、指導をする声かけを変えてみることにした。それは、「好きなら好きだと、恥ずかしがらずにちゃんと伝えなさい」というものだ。男の子のイジメはその日以降パッタリとなくなったそうだ。

目の前で起こっている事象だけを捉えて、それを問題だと認識し、解決させようとしても、それは本質的な解決にならない。

そして、ドラッカーがVery difficult to fix（修正するのがとても難しい）と言っているように、間違った問題への正しい解決策は、非常に厄介なのだ。

なぜなら、解決策が正しいからである。

正しい解決策を実行しているのにもかかわらず、問題が解決されない。正しいが故に、その解決策の量によって何とか解決しようとする。

先生が、男の子のイジメ指導を、「もっと厳しく」したように、正しい解決策はそれが効果を発揮するまで強度がエスカレートしていく傾向にある。**しかし、多くの場合入口である問題の特定が間違っている。**目の前に起きている事象だけが問題ではない。

その先に、本当は何があるのか。

目の前で起こっているこの問題は、何がどうなって〝引き起こされた〟のか。その本質を発見すること。問題解決は、解決策ではなく問題の方に価格がつく、と先に述べた。

そして、価値の高い問題を発見するには、実際に起きている問題に着目するのではなく、その元となっている問題の本質に気づけるかどうかにかかっている。

ヘンリー・フォードがクルマを開発した時、世の中のニーズは〝もっと速い馬が欲しい〟だった。**その問題への正しい解決策ではなく、本当の問題に気づけたからこそ、1908年にフォードの開発したT型は自動車の歴史を変えたのである。**問題解決とは、優れた解決策を出すことではない。本当の問題に気づく能力のことである。

セミナー会場に、参加者を早めに呼び寄せるには？

私はこれまでに何度か、イベントのディレクターをやったことがある。それは、100人近くの子どもたちを対象とした3泊4日のスポーツ体験キッズキャンプであったり、参加費1人10万円で、250人の経営者を招待した講演会だったこともある。

どのようなイベントにするか、どのようなコンテンツを用意するか、どこで開催するか、どのように集客するか、収支をどうやってプラスにするかなど、考えることは山ほどある。それらをすべて台本に落とし込み、当日はイベントが予定通り進むようにあらゆるものを動かしていく。当然、すべてのイベントは一発勝負。失敗は許されない。しかし、当日は想定外のことが起こりまくる。

キッズキャンプを開催した時のこと。2日目の朝、朝の散歩に現れない子どもがいた。部屋に行くと、その子は起きているものの、布団から出ようとしない。私には、なぜこの子が布団から出ようとしないのかの理由が分からなかった。

寝坊しているならまだしも、起きているのである。単純に朝の散歩に行きたくない、サボろうとしているのだと思い、強引に布団から出そうとした時、異変に気がついた。この子は、おねしょをしていたのだ。それが恥ずかしくて、布団から出られないのである。強引に引っ張り出す前に、この子の心情に寄り添ってあげることが先だ。この子がおねしょをしたことを他の参加者に悟られないように、みんなの散歩の中に合流させることが、この場において最も重要なミッションである。しかし、こんなことは、台本に書いていない。この想定はしていなかった。

翌年からは、朝のオペレーションのポイントとして、おねしょをした子がいた時の対応方法を追加した。

経営者を招待したイベントを開催した時のこと。13時開演の予定で、5分前だというのに半分以上の席がまだ空いていた。有料のイベントで、すべての座席は売れているにもかかわらずだ。

心配になって会場の外に出ると、受付が大混雑している。無論、混雑を想定して受付のオペレーションは限りなく簡素にしている。それなのに、なぜこんなにも混雑しているのか。

答えは簡単、参加者が13時ギリギリに来るからである。それもそのはず、経営者はほぼ例外なく忙しい。13時開演であれば、ほとんどの方がギリギリに到着する。こんなことも想定できなかったのか、と悔やんでももう遅い。やむなく開始時間を遅らせることにした。

しかし、経営者の方々に「直前は混み合うから早く来るように」という依頼もしづらい。**そこで次回は、「コーヒーとお菓子を用意しております」という案内を出したところ、かなり多くの経営者の方々が時間に余裕を持って来てくれるようになった。**

イベントを開催する際、参加者の満足度に最も影響を与える要因は何か。

それは、休憩時間の長さである。正確に表現すると、適切な休憩時間が用意されているかどうか、である。

つい、豪華な会場、良質なコンテンツといった、何を参加者に与えられるか？　という観点で組み立ててしまうが、これだと多くの場合参加者はインプット過多になり、疲労が満足感を上回ってしまう。いかに空白の時間をつくるか、という観点はほとんどない。空白はコンテンツではない、と考えるからだ。

しかし、子どもたちはこちらが用意したコンテンツよりも、休憩時間に缶蹴りをやっている方が非常に高い集中力でイキイキと遊び、日記には缶蹴りが楽しかったと、力強い文字で書く。経営者たちは、休憩時間に名刺を交換し合い、ビジネスのチャンスを広げている。

これを知ってからというもの、私は休憩時間に細心の注意を払うようになった。

休憩時間に流すＢＧＭはどんな曲がいいか。その際、カーテンを開けて自然光を入れるかどうか。照明はどこまで明るくするか。会場からトイレまで行って帰るまで何分かかるか。喫煙場所まで行って、一服して帰ってくるまでに何分かかるか。

参加者の心情に寄り添い、この休憩時間でやりたいことをやり終えて、なおかつコーヒーを取りに行く時間は残されているかどうか。このあたりを丁寧に設計すると、満足度は非常に高くなる。

もちろん、参加者でここまで繊細に気づく人はまずいない。しかし、これらは満足度に確実に影響を与えている。実際にここまでつくり込めば、自分が参加者として他のイベントに出席する際に、あらゆるものが見えてくる。

（あっ、この明かりの使い方うまいな。ここで一回暗くするんだ）

（このBGMの使い方、イイな。今度やってみよう）

（なるほど、コーヒーは紙カップにキャップ付きで用意したほうが、席まで持って行きやすいんだな）

これらは、自分が当事者となって実際にやってみて、初めて分かる。どこで、どんな問題が起こるのか。参加者は、何を求めているのか。どこまではこちらが用意して、どこからは参加者に任せた方がいいのか。

ひとつのイベントを実際につくってみるだけで、非常に多くの学びがある。どこで、どんな問題が発生するかは、実際に当事者になった時に初めて見えてくるのだ。

カレーライスをつくれますか？

当事者になることで、問題に気づくことができる。コンセプトは理解できても、実際に当事者になるにはどうすれば良いのか。実は、手っ取り早くそれらを体験できるやり方がある。それは、カレーライスをつくってみることだ。

日本人で、カレーライスを食べたことがない人はいないと言っていいだろう。子どもの頃に、つくったことのある人も結構いるかもしれない。とてもなじみのあるメニューだが、レシピなしで再現できるだろうか。カレーライスをつくってみると、かなり多くの気づきを得ることができる。まず、食材の買い出しから始まる。

（あれ、そもそもカレーの具って何入ってたっけ？）
（玉ねぎって、どれくらい入れるんだっけ？）
（ジャガイモって、こんなに種類あるの？　カレーってどれを入れるの？）
（キノコって、入れるんだっけ？）
（肉って、いつも何の肉入れてるっけ？　どの部位がいいんだっけ？）
（カレールーって、こんなに種類あるけど、どれがいいんだっけ？）
（あれ、ハチミツって入れるんだっけ？　入ってるんだっけ？）

具材を買うだけで、考えることは山ほどある。料理は、台所から始まるのではない。食材が用意されている状態から始まるのなら、どんなに楽だろうか。

これも、スーパーに行って初めて向き合う問題である。食材を買い集めたら、いよいよ台所に立つ。料理はここからが本番だ。

（鍋って、どのサイズの鍋使うんだっけ？）

（あれ、食材って何から切っていくの？）

（ニンジンって皮剥くんだよね？）

（ジャガイモの芽って、どれのこと？）

（いつも食べてる玉ねぎの切り方って、どうやるの？）

（何から順に炒めるの？）

（えっ、水ってどのタイミングでどれくらい入れるの？）

（カレールーはどこで入れるの？）

（カレーってグツグツさせていいんだっけ？）

食べるのは非常に簡単だが、実際につくるとなると、数えきれないほどの意思決定を通過して、カレーライスはできあがる。これらはすべて、当事者になって初めて体験できる。

買い出しについて行き、つくっている過程を見ているだけでは、ほとんど何も得られない。なぜなら、見ている分には「これくらい、簡単にできる」と思いがちだからだ。

食材を買う行為も、包丁で切る行為も、鍋で炒め、煮る行為も、なんら難しくない。しかし、何を買うか？　どの順番で切り、炒め、煮るか？　どのタイミングでどのくらい水を入れるかなど、**実際に自分が動くことで初めて「私は何も知らなかった」を痛感するからだ。**

当事者になってみることでしか、得られないものがある

自分で動いてみれば、カレーライスがどれだけの労力を経てできあがるかが分かる。そうすると、料理をつくってくれた人にどのような言葉で感謝を伝えたらよいかを知ることができる。

そして、いままで見ることすらなかった、ニンジンの切り方やジャガイモの食感にも意識が向くようになる。こうして、気がつかなかったことに気づけるようになる。**これらは、当事者になってやってみて、初めて得られる感性である。**

もちろんこれは、料理に限った話ではない。新入社員歓迎会や、バーベキューなどのイベントごとに、参加者ではなく主催者として関わった時に初めて見えるものがある。参加するだけだと通り抜けて気がつかなかったであろう実にさまざまなことが、実際の経験として自分の中に残る。後に詳しく触れていくが、見て、理解したつもりのことと、実際にそれができることはまったく違う。

ホームランの打ち方を動画で学習し、それが頭の中でできるようになったとしても、実際にホームランを打つことはできない。バットを持って、打席に立ち、実際にピッチャーがボールを投げてきた時に初めて、あらゆることを体験することができる。

十分に観察するだけでは圧倒的に不十分だ。

当事者になり、実際に起きることと自分のイメージがどれだけ違うかを実感してこそ、本質に気づくことができる。それらは、いつか問題解決のタネとなり、真の問題に気づく上での財産となる。

参加者や、傍観者では何も得られない。主催者、当事者になって初めて、気づきの能力は養われるのである。

問題は見つけるのではなく、つくるもの

問題の本質に気づき、その問題に対する解決の価格は、問題の大きさに比例して大きくなる。しかし、実はこれだけではまだ十分ではない。これは、そもそも顕在的にも潜在的にも問題が存在している状態でしか効果を発揮しない。そこで、それらへのもっと強力な問題解決が存在する。それは、問題をつくり出すことだ。

例えば、修理の必要のない家の屋根に「点検」と称して上がり、屋根の一部を破壊し、「壊れていたので、いまならお安く修理できます」といったような、詐欺的に問題をつくり出すケースは問題をつくっている。**これは無論論外だが、問題よりも高く売れるものがある。それは〝目標〟だ。**

痩せたいと思っていない人に、ダイエット関連の商品を売ることはできない。

仮に健康上の理由でダイエットが必要とされる人にさえ、売れないものは売れない。

この場合、太っているその健康状態が引き起こすであろう〝問題〟の方も、その問題を解決する〝解決策〟の方も、どちらも効果を発揮しない。

しかし、対象者の中に〝目標〟をつくり出すことができたら、途端に展開は変わる。本人が、〝痩せる〟以上の目標、例えば、〝モテたい〟という目標をつくり出したとする。そうすると、現状のままで問題を感じていなかった体に、急に問題を感じ始める。

いまのままの太った体では、〝モテない〟と思った時点で、現状は問題と化す。**さっきまで問題ではなかった世界に、目標が現れた瞬間に、問題が同時に現れる。**

「恋人と楽しくドライブをする」という中では、赤信号だろうが、前にクルマが割り込んでこようが問題にならない。しかし、「このままだと19時の予約に間に合わない」と、意図を持った途端に、赤信号が問題と化す。問題を顕在化する方法は、目標をつくり出すこと。そうすれば、問題は相対的にあらわれる。

〝痩せる〟ための解決策を売っているパーソナルトレーナーは、顧客が〝痩せる〟ことに成功した途端に売り物がなくなる。また多くの場合、顧客は〝痩せる〟ことを問題の本質と捉えていないため、ダイエットの途中で、「やっぱりいまのままでも特に問題がないから辞めようかな」と挫けるケースが圧倒的に多い。

何より、〝痩せる〟ための解決策は、市場に溢れている。そうすると、痩せるための価格はいくらなのか？　となり、必然的に価格競争の波に飲み込まれる。

そうではなく、顧客と共に〝目標〟をつくり出し、そこに到達しようとしているパーソナルトレーナーは、問題を新たにつくり出すことができる。

それは、痩せるための問題解決ではなく、〝モテる〟ための解決策としての〝痩せる〟である。これがあると、顧客が自ら原動力をつくり出す。そして何より、〝モテる〟ための解決策は市場にあまりない。だから市場価格の影響を受けづらい。

価格は、つくり出した問題の大きさに比例して上げることができる。

このように、問題に気づくことと同じくらい、相手の中に目標をつくり出せるか。これも、価値を生み出す上で重要な考え方である。

INSIGHT!

・価値は労働量の大きさではなく、問題の「大きさ」で決まる。
・優れた問題解決策を見つける前に、問題の大きさを見定める。
・発生している問題ではなく、その問題の本質から、解決策を探る。
・問題の本質に気づくには、観察者ではなく、当事者になること。
・問題がないような場面でも、新しい目標が生まれれば、それが問題となる。

第5章

言葉を変える

楽しそうに振舞っていると、いつか本当に楽しくなる。
物事に熱中するにはこの手に限る。
仕事にしろ会議にしろ、
「面白くてたまらない」といった態度でとりかかれば、
いつの間にか本当に熱中している自分に気がつくものだ。

デール・カーネギー

それは「難しい」のか「面白い」のか

ティーグラウンドに立ち、コースを見渡す。右には林があり、無数の松の枝がコースに迫《せ》り出してきている。右の林に打ち込んでしまえば、林から出すだけで数打を要するだろう。狙いは左かと思いきや、そこにはちょうどいいところに池がある。しかも、池の手前はOBだという。なんともいやらしいコース。右に打てば林の中。左に打てば池。手加減して打てばOB。

私は心の中で、（難しいコースだな……）と呟く。そこへ遅れてティーグラウンドにやってきたのは、この日共にプレーをしていた経営者だ。

彼は開口一番、私とは違う言葉でコースを表現した。

「おぉ～！　面白いコースだな！」

私は、この難コースを〝面白い〟という言葉で表現したことに非常に興味を持ち、ここぞとばかりに聞いてみた。

「あの、本当に〝面白い〟と思っていますか？」

彼は急に真面目な顔になってコースの方に目をやり、軽く素振りをしながら答えた。

「いや、難しいに決まってるじゃん。でも、難しいと思ってても、口で〝面白い！〟と言ってしまえば、それはもう面白いコースなんだよ。だんだん、面白いコースに見えてきただろ？」

ティーの上にボールをセットし、打つ方向の狙いを定める彼の顔は明るい。いまから、〝面白い〟コースに望むに十分ふさわしい顔である。私は、さっきまで忌々しいほど難しく見えていたコースが、だんだん面白いコースなのかもしれない、と思えるようになってきた。彼の打った打球は右の林の中に消えていった。

「クソー林か！　面白いな！　よし、一回で林から出すぞ！」

私には、このコースは面白いコース以外の何物でもなくなっていた。私の打球は左の池に吸い込まれていったが、とりあえず「池に入りました！　面白いことになりそうです！」と言ってみた。「だろ⁉」とだけ言い残し、彼は林の中のボールを探しに歩き始めた。

〝面白いと言ってしまえば、それはもう面白い〟

かなり半信半疑であったが、とにかく私は、口に出してみることにした。言葉の持つ力を実感するのは、それから少し経ってからのことである。

言葉を変えると、世界はガラッと変わる

『サピエンス全史』（ユヴァル・ノア・ハラリ著）によると、我々サピエンスがそれ以外の種よりも圧倒的に大きいコミュニティをつくることができたのは、「言葉」を持ったからだという。**言葉によって我々は、「Fiction ＝虚構」をつくり出し、それを信じることでコミュニティが形成され、統率を取ることを可能にした。**

お金、宗教、国家、法律、人権、株式会社など、そのもの自体は存在しないのにもかかわら

ず、我々が言葉によってそれらをつくり出し、それらがあるものとして信じられている限りによって、円滑に運営されている。

トヨタには2022年時点で、世界中で約37万人の社員がいる。37万人のトヨタの社員は、トヨタという会社の存在を信じている。

その存在は猿には見えない。しかし、人間の中ではそこに、トヨタという会社があることとして扱われている。同じように、お金も、キリスト教も、日本人も、道路交通法も、すべては我々が言葉でつくり出したFiction＝虚構であり、それらを信じることによって、サピエンスは協力しあい、歴史上類をみないほど拡大することが可能となった。

言葉には、世界をつくる力がある。何も、宗教や国をつくるという大袈裟な話ではなくとも、少なくとも目の前の世界を、言葉によって違う世界につくりかえることは十分に可能である。

例えば、窓の外の景色を見て、「今日は思ったよりも暑いね」と言えば、それは〝思ったよりも暑い〟世界として立ち起こる。「例年よりは寒いね」といえば、そのように世界は立ち起こる。窓の外は、依然窓の外の世界でしかない。

その何物でもない世界に、あなたが言葉を与えた途端、外の世界はあなたの与えた言葉のように立ち起こる。そして、外が暑い、道が広い、天井が高いといった、状態を説明する以外の、例えば自身の世界観も、言葉によってつくり出すことができる。

そして、冒頭で出てきた経営者の言葉に代表されるように、「難しい」という世界を「面白い」という言葉で書き換えることによって、見えている世界をガラッと変えてしまうことだってできる。

興味深い事例として、ある企業では、「忙しい」が禁句になっている。禁句なだけではなく、「忙しい」と言いそうになったら、「大人気」と言い換えるルールが存在する。

これをやってみると、会話は非常に面白いものになる。

×「今日も超忙しいね」

○「今日も大人気だね」

「今日も忙しいね」という言葉を使うと、「大変だね」「嫌だね」といったネガティブな言葉がその後に続きやすくなる。しかし、「今日も大人気だね」と言い換えると、途端にネガティブな言葉が続きづらくなる。

必然、会話はポジティブな言葉が自然と（半ば強制的に）紡がれていくだろう。ちなみに、この会社には同じく「難しい」を「面白い」と言い換えるルールもある。

「これ、明日までにやっておいてね」
×「いや、それはちょっと難しいです」
◯「それはちょっと面白いですね」

何を依頼しても、「それは難しいですね」という人がいる。

そういう人に、「難しいと言いそうになったら、ひとまず何も考えず〝面白い〟と言ってみて」というと、右のような会話になる。

「面白いですね」と一回口に出すと、まさしく面白い世界として立ち起こる。そこには、ネガティブな言葉が続きづらい。こうして、言葉によって世界観をガラッと変えることが可能になる。

言葉を少し変えただけで、世界はガラッと変わる。

しかも言葉は、前述したとおり我々が意識するだけで、その場から変えることができる。言葉によって世界はつくられており、しかもその言葉を意識次第で変えることができるのならば、我々は意識するだけで世界を変えられるとも言える。

言葉は形が見えないだけで、実は世界を変えられるほどのエネルギーを内包している。言葉ひとつで生涯にわたって勇気づけられたり、言葉ひとつで人の命まで奪ってしまうこともある。言葉は、エネルギーの塊である。だからこそ、丁寧に扱う必要があるのだ。

自分の言葉は自分では見えない

我々が、みんな魚としてこの世に生まれたとする。

海で暮らしているある日、ひょんなことからあなたは陸に行く機会を得た。3ヶ月ほど陸を旅し、再び海に戻ってきたあなたに、海にいる仲間たちは興味津々。陸はどんな世界だったのかと質問の嵐だ。

そこであなたは、何よりもまず、最大の発見があったので聞いてほしい、と仲間たちの質問を制して口を開く。

「俺たち、みんな、濡れているみたいだぞ」

仲間たちは、あなたが何を言っているのかまったく分かっていない。もちろん、言っている言葉はハッキリと聞き取れている。言葉の意味も、分かる。

しかし、何のことを言っているのか、まったく分からない。

陸から見た時に、海にいる魚たちは総じて濡れていることになる。しかし、海で暮らす魚には水が見えない。魚たちは、自分たちが濡れていると言われても、それが何のことを言われているのかが分からない。

人間にも、同じことが言える。

我々は、言葉の海にいる。たまたま生まれ落ちた世界に、元々言葉が存在しており、あまりにも当たり前すぎてその存在に気づくことすらない。

言葉の海の中で、言葉にまみれて生きている。意識することなく、気づくこともなく、日常的に使っている言葉で世界をつくり、その中を生きている。だから、今更「言葉を扱う」と言っても、皆総じて言葉を喋ることができるからこそこのコンセプトは受け取りづらい。

少なくともこの本を読めている限りは、日本語を問題なく話すことができるだろう。

しかし、言葉は自分が思っている以上に見えていない。**自らが扱う言葉によって、自らの生きる世界を決定しているのだ。**

言葉はいますぐ変えることができる

行動を起こすことが大事だ、と散々言ってきた。いますぐ外国に行く、明日からタクシーで移動する、いますぐランニングシューズに履き替えて走り始めるといった、ある種強引な行動はかなりストレスがかかる。

実際にお金がかかったり、体力を必要としたり、実際にこちらに行動を起こす用意がないと起こせないものがあるからだ。**しかし、言葉はいまこの瞬間から変えることができる。**そして、仮に自分がそう思っていなかったとしても、言葉を変えるとそのような世界として立ち起こる。

もちろん、一回や二回言葉を変えたくらいじゃ、世界は変わらない。

しかし、あなたがもし自らの脳を訓練するが如く、意図する言葉を使い続けていたら、いつの間にか世界はそのようになる。あなたのマインド、考え方、心情を変える必要はない。いまのあなたのままであっても、とにかく言葉〝だけ〟を変えることから始める。

何度も繰り返すが、これはいますぐ始められる。体力も、お金も必要としない。人によっては少しの勇気が必要かもしれないが、厳密に言うと勇気もいらない。ただ、言葉を変えてみるだけだ。では、実際にどのような言葉を使って訓練をすれば良いのだろうか。

言い切る

ひとつ目のコツは、「言い切る」。我々は、特に日本語の構造においては、言葉を曖昧にするクセが自然と身についている。そして、文章の構造上、自分の主張が文末に来るようになっている。例えば、

私はリンゴを食べ
＋
ます。
ません。
た。

てません。
たい。
たかった。
ようと思っていた。

と言うように、最後まで聞かなければその人の言いたいことを理解できない。
英語などの言語では、自分の主張は文頭にくる。

I eat（私は食べる）
I don't eat（私は食べない）
I want to eat（私は食べたい）
＋
an apple.（リンゴ）

と言うように、自分の言いたいことが最初にくる。外国人（特に英語圏・中国語圏の人）は主張が強いと言われるが、主張が強いのではなく、主張しなければ言語として成り立たない構造なのだ。

日本語を話していると控えめだが、英語を話すと性格が変わったかのように主張をし始めることがある。あれは、性格が変わったのではなく、言語が変わると性格が変わったかのような印象を受けるだけだ。

日本人が英語をなかなか話せない原因のひとつは、「先に主張する」ことが言語の構造上苦手なことだ。日本語を頭の中で考えてから英語に変換しようとしても、文章の構造上変換することができない。

英語のトレーニングを受けている時、先生からは「S（主語）とV（述語）をまず出せ！」と常に言われていた。

「昨日、家族みんなでクルマに乗って動物園に行った後にお買い物に行って……」

という話を英語でしようとする時、日本語の語順通り頭の中で翻訳していると、yesterday（昨日）, I（私）, with my family（家族と一緒に）, car（クルマ）, zoo（動物園）という順番で言葉にしていく。

すると、すかさず「S（主語）とV（述語）は？」と聞かれる。何が言いたかったとしても、まずは、

I went（私は行った）

を先に出すことだ。日本語を英語に変換するのではなく、英語そのものを話そうというモードで30分くらい過ごすと、自然とS（主語）とV（述語）を、つまり、「誰が」「何する」を最初に言おうとするようになる。

このモードになれば、どういうわけか英語がスムーズに話せるようになる。逆に、カタコトの日本語を話す外国人の文章は先に主張が来るため、日本語の文章表現としては違和感を感じる。


「ワタシ、イク、シブヤ。ドウヤッテ、イク？」

「ワタシ、キライ、コレ」

主張の強さは、中国人にも同様に感じ取ることができる。これも、中国人という民族の主張が強いわけではなく（実際に強いのかもしれないが）、言語の構造がかなり影響している。

加えて、中国語は明確に発音し、そこに音楽のような抑揚や高低を付けないと通じない。言語の特徴としてヒソヒソ話がしづらいのだ。彼らの声が大きく、主張が強く感じるのは、こうした言語の構造も起因している。

あいまいな言葉を排除する

言語の構造上、主張がしづらい日本語の構成においても、言葉を「言い切る」ことであいまいさを排除し、主張の力を強めることができる。例えば、

「どちらがいいと思いますか？」

「あぁ、それなら、こっちの方がいいと思うよ」

という、普段当たり前のように行われている会話の中にも、あいまいな言葉が含まれている。

それは、〝思う〟だ。

先に言っておきたいことは、この会話が悪いわけではないと言うこと。あいまいな言葉、表現を使って会話することで、文章全体が柔らかくなり、相手に受け取られやすくなる。それは、社会性を育んでいく上で大切な能力である。

あくまで、言葉によって自らを訓練する場合、このあいまいな言葉を排除していくという提案である。


「どちらがいいですか?」

「あぁ、それならこっちのほうがいい」


普段の会話の中から、〝思う〟を排除していくと、自分の言葉に突然責任が生まれる。実際に口に出してみると、正確には、口に出そうとするその瞬間、かなりストレスがかかる。こちらの方がいいと〝思う〟のではなく、こちらのほうが〝いい〟と断定することは、他方の選択肢を否定することになるからだ。

それは、相手にもストレスを与えかねないし、できればそんなことは避けたい。だが、言葉を言い切るだけで、あなたの主張はいままでよりも力を増して相手に届くようになる。

自分の人生から、「思います」を一定期間排除してみると、かなりの部分であいまいさがなくなる。そして同時に、逃げられなくなる感覚を得る。オリンピックに出場するアスリートが記者会見で「思います」を排除すると、言葉から滲み出る覚悟と責任感は一層強くなる。

「金メダルを目指して、ベストを尽くそうと思います」
「金メダルを目指して、ベストを尽くします」

もっと言うと、「目指す」という表現も排除すると、

「金メダルを獲ります。ベストを尽くします」

あいまいな言葉ではなく、明確な表現で言い切るだけで、自分の言葉に責任が生まれ、あいまいなことができなくなる。何も、金メダルを獲るような大きなことをやれと言っている訳ではない。日々の仕事や人生の中で、自らのパフォーマンスを上げる過程で、言葉の中からあいまいな表現、とりわけ「思う」を排除するだけで、覚悟と責任を生み出すことができる。

あいまいな表現は、これだけではない。

「英語を話せるように〝なりたい〟」
「そろそろお風呂に〝入ろうかな〟」
「まずは、〝やってみます〟」

自身の中にある〝想い〟を口に出すのではなく、これから起こす行動、つまり〝宣言〟を口に出すことで、あなたの主張、これから世界の側に起こすことが明確になる。同時に、責任も生まれる。

「英語を話せるにように〝なる〟」
「いまからお風呂に〝入る〟」
「まずは、〝やります〟」

といった具合に、やること、起こすこと、その宣言だけを口にして、言い切る。ポイントは、口に出すことだ。頭の中で思い浮かべるのではなく、お風呂に入る前に、「いまからお風呂に入ります」と、実際に言葉にしてみる。

自分のやることなすことを、一つひとつ、いちいち口に出して宣言し、言い切るクセをつける。これを続けていくと、自身の主張、決断力は驚くほど上がる。繰り返すが、頭や心の中で実際に思っていなくても、言葉〝だけ〟を変える。

ただこれだけで、人生のあらゆる部分に変革が起こり始める。これからは、「いつかああいう大きなお家に住みたいな」という願望を口から出すことを封印し、「3年以内に200㎡以上の家に引っ越す」と言ってみる。細かいことかもしれないが、こういう一つひとつの言葉を丁寧に書き換えていくと、いつの間にか思考そのものにも影響を与え始める。

自分の言葉を一番聞いているのは自分自身だ。その自分に影響を与えるのは、他でもない自分の扱っている言葉なのだ。

許可を取らない

ふたつ目のコツは、「許可を取らない」。

以前ある経営者に電話をかけた際に、私はいつも通り、「こんにちは。いま、お時間よろしいですか？」と会話を始めた。そうしたら先方に、「うん。よろしいから電話に出たのであって、よろしくなかったら電話に出ない。次からその確認やめてね」と言われた。

彼は言葉に非常に忠実に生きていて、社交辞令であってもあいまいな会話をとことん排除しようとする。「社交辞令も通じない、からみづらい人だな」と思う人もいるかもしれないが、私は「そ、その通りだ！」と、とにかく感銘を受けた。同じように彼は、

「いま、ちょっとよろしいでしょうか？」
「質問してもよろしいでしょうか？」

と聞かれることを嫌う。いつもの癖でこのように会話を進めようとすると、「よろしくない」と、あえて質問をさせてくれない。彼の言い分は、こうだ。

「質問してもよろしいでしょうか？　って、ダメって言われても質問したいんでしょ？　だったら、「質問があります」と言って、勝手に会話に入ってこい。ダメだったら、『いまダメだか

ら』と言ってもらえるから。自分がやりたいことを、いちいち許可取ってたら、誰かの許可がなかったら動けない人生になるよ。お前、『お金持ちになっていいですか？』っていちいち許可取らないだろ。勝手にお金持ちになれよ」

この考え方は、私の言語に非常に強い影響を与えた。

「～していただいていいですか？」という表現は、文章そのものを柔らかくする作用がある。

「次を右に曲がっていただいていいですか？」

「メニューを取っていただいてよろしいですか？」

「静かにしていただけますか？」

質問の形を取ってはいるものの、これらの言葉の意図は、遠回しの依頼である。しかし、言葉そのものの意味からすると、選択権は相手にある。

とはいえ、「静かにしていただけますか？」と投げかけて、「えっ、嫌です」と返されることはほとんどないだろう。であれば、最初からこちらの意図をストレートに伝えるような言葉を扱ってみるという提案だ。

もちろん、「静かにしていただけますか?」という表現の方が社会的には圧倒的に受け入れられる。「静かにしてください」と言うと、かなりの確率で角が立つだろう。

ここでのポイントは、意思決定権を相手側に渡さないという点だ。自分の人生、自分のやりたいこと、自分の依頼は、相手に決定を委ねない。常に決定権を自分側に持っている状態で言葉を扱うということが重要だ。

「許可を取らない」のトレーニングをしている時、ある別の経営者とランニングに出かけた。そろそろ5キロ地点に差し掛かろうかという時、私は無意識に、「そろそろ折り返しますか?」と聞いた。

彼は目だけをこちらに向けて、黙々と走り続けている。私は、無意識に許可を取っていた自分に気がつき、強烈に反省した。もちろん、ただふたりでジョギングをしていたならば、「折り返しますか?」「次の角曲がりますか?」という会話が起こるのは普通だろう。

そして、社会的には尋ねることが圧倒的に正解である。

しかし、成功している世の中の多くの経営者は、とことんまで選択権を自分側に持とうとする。自分の人生を、相手の意思決定に委ねようとしない。「よし、ここで折り返すわ」と言って、急に反転し、帰り始める。もし私が彼をコントロールしようとしていたら、勝手な行動を取る彼に憤りを感じるだろう。

しかし、もしお互いが自分の人生を生きることに集中していれば、彼がどこで折り返そうが自分には関係ない。お互いが走りたい距離を走り終えた後、「今日もナイスランだったね」と言い合えればそれで良い。

許可を取らずに、自分の人生の選択権を自分側に取り戻すだけで、人生の自由度はグッと高くなる。

すべての出来事の責任をとる

三つ目のコツは、「責任をとる」。

「すみません、スプーンが落ちちゃったので、変えてもらってもいいですか？」

と、飲食店で依頼したことがないだろうか。言葉を正確に扱う観点からみると、スプーンが

〝落ちちゃう〟ことはない。スプーンが自らの意志で、ひとりでに落ちたのであれば、それは別の意味で興味深い。スプーンは、紛れもなく、あなたの何かの行為によって落ちたのだ。100%あなたの責任で、あなたが落としたのだ。であれば、「スプーンを落としたので、変えてください」と依頼するべきだ。

このように、世の中の側に結果の原因があって、自分の側にはないという立場を、言葉の観点からすべて書き換えていく。

すべての原因はこちら側にあって、世の中で起きているすべてのことに責任を取る。起きたことから影響を受けているのではなく、自らが世の中の側に影響を与えて、コトを起こしているという立場から言葉を扱う。無意識に言葉を扱っていると、いつのまにか影響を受ける側、ややもすると被害者の立場を取りやすい。

状況の被害者となりやすい言葉がふたつある。**ひとつ目は前述した、「なってしまった」という表現。**

落ちちゃった、食べちゃった、乗り遅れてしまった、つい言ってしまった、買ってしまった、というように、あたかも自分の意志以外の力が働いて起きたかのように世界を表現する言葉である。

過程で何が起ころうが、最終的にコトを起こしたのは自分自身である。その立場から言葉を扱い、そのように生きる。「〜が〜になる」という世界観ではなく、「〜を〜する」という、常に自らが影響を与える側にいるという世界観を言葉によって表現することだ。

「世界が平和になることが私の希望です」と言うより、「世界を平和にすることが私の希望です」と言う方が言葉のエネルギーが強い。

ふたつ目は、「できなかった」という表現。

「あまり勉強できなくて、テスト自信ないんだよね」

勉強は、できなかったのではなく、しなかったのだ。やる時間も、手段もあったが、意識的なのか無意識なのか、勉強を〝やらない〟と決断をしたのは、他でもない自分自身だ。

眠さを優先したか、勉強に向き合うストレスに耐えられずYouTubeを見たか、理由はいろいろあるだろうが、〝できなかった〟訳ではない。人によっては、本当に時間や別の問題で〝できなかった〟こともあるだろう。

しかし、その状況でさえ、勉強以外の何かを優先させたのは自分自身。〝できなかった〟という世界観を極限まで排除し、〝やらなかった〟という言葉を選ぶと、自らの言葉と人生により責任を持つようになる。

では、私はプロ野球で活躍〝できなかった〟のか、活躍〝しなかった〟のか。普通に考えれば、前者である。活躍する能力も機会もあって、〝しなかった〟など、あり得ない。少なくとも主観の上では、活躍〝できなかった〟と思っている。

しかし、現役の選手で活躍している選手から話を聞かせてもらうと、彼らのプレーに関する具体的な描写、心の持ち方、勝負に挑む姿勢は、衝撃的に面白い。彼らは、勝負に勝つためにあらゆる思考を巡らせ、可能な限り具体的な準備をし、最後まで諦めない。それに比べて私は、考えることを諦め、〝一生懸命、死ぬ気でやる〟という道に逃げていた。

実際、同時期に入団し、超一流選手となった友人は、「お前の練習量は、確かにすごかった。これまで見てきたどの選手よりもよく練習をしていたと思う。でも、俺から見ると、〝そこ〟じゃないんだよね。まだ、やれることはかなりあったように思うよ」と表現している。

つまり、彼らから見ると、活躍するための手段はまだ無数にあるにもかかわらず、それを選んでいないように見えていた。一生懸命頑張ることによって、それらの選択肢を選ばずにいたのは、紛れもなく自分自身なのだ。

活躍できなかったのは、完全に自分自身の責任。少なくとも、プロ野球という舞台にいて、活躍する機会も与えられ、超一流選手から情報を得る機会もあった中で、「一生懸命頑張る」という道を選び、他の道を選ぶ可能性を選択しなかったのは、私なのだ。

そう考えると、私は活躍できなかったのではなく、活躍〝しない〟という道を知らず知らずのうちに選んでいたと言える。徹頭徹尾、すべての結果は自らが選び取っている。だから、〝できなかった〟のではなく、〝しなかった〟のだ。

ヨーロッパを中心に世界中で活動をしているある画家と知り合い、話を聞かせてもらった。

彼はある企画で日本の大手企業とタイアップし、かなり大きなアート作品をつくることに決まった。その際、画家のマネジャーと日本企業の担当者で打ち合わせを綿密に行い、いざ創作が始まる段階になって、画家を日本に呼び寄せた。

絵を描く予定である数メートルにも渡る壁を見て、彼はこう言ったそうだ。

「ここには、描かない」

彼は、自分の納得のいく仕事、自分が面白いと思える仕事以外はしない。

どんな準備があったとしても、相手の用意した意図や思惑の中で自分の仕事をしない。その姿勢が言葉によく現れている。〝描けない〟訳ではない。〝描かない〟のだ。企画を担当した企業は、わずか数日のうちに壁の構造をつくり替え、再度画家との交渉に臨んだ。

お互いが良い仕事ができると理解し、画家は創作に取りかかった。

その大掛かりな作品は、今でも都内某所で観ることができる。言葉は、扱う人の立場や生き方を明確に現す。責任ある言葉を意図的に扱うことで、責任〝感〟は自然と育まれる。

禁句をつくる

四つ目のコツは、「禁句をつくる」。

実は、上記で触れてきたような、「ある言葉を意図的に使っていこう」という力より、「この言葉を使ってはならない」という力の方が、自らに与える影響がはるかに大きい。

「でも」を封印することは既に第2章で触れた。自分がどんな言葉を使っているかに注意をむけ、その言葉を封印するだけで、言葉の習慣は大きく変わる。それはいずれ、思考の習慣も丸ごと変えていく。多くの人が、無意識に使っていて、それでいてパフォーマンスを下げる言語の代表がふたつある。

ひとつ目は、「一応」だ。

「それでは、一応資料をおつくりしたのでご覧ください」
「その件に関しては、一応先方に確認をとりまして」

こうして文字で見ると、「そんなに〝一応〟って使ってるか？」と思うが、私の経験上、この言葉は最も登場頻度が多い。しかも使っている本人はほとんど気がついていない。

会議中に、ある方が1分ほどのスピーチの間に、〝一応〟と7回言った。その方に、「いま、話し始めてから終わるまでに、〝一応〟って何回言ったか、ご自身は認識がありますか？」と聞いてみた。「えっ、私何回か言ってましたか？」というくらい、本人には認識がない。使っている側にとっては取るにたらない言葉かもしれないが、私は明確に言葉の修正を依頼する。

「〝一応〟作成した資料ではなく、〝全力〟で作成した資料を見せてください」
「〝一応〟確認するんじゃなくて、〝明確〟に確認してください」

一応、という言葉を無意識に使い続けていると、人生のすべてのことが〝一応〟で片付ける人生になる。常に全力でやれというわけではない。**ひとまず、自身の人生から〝一応〟を排除してみるだけで、その世界は封印される。**

「そんな小さなことで人生が変わるのか？」と思う方もいるだろうが、こんな小さなことの積み重ねでしか、人生は変えることができない。**何度も言うが、一回や二回変えたくらいでは何も変わらない。**連続する思考の中で、無意識に使われている言葉によって、あなたの世界は形づくられ、その中を生きている。だからこそ、自分の言葉に細心の注意を払い、それを変えることによって世界の認識を変えていく。

無意識に登場し、パフォーマンスを下げる代表のふたつ目は、「ちょっと」だ。

「それではね、ちょっと始めましょうか」
「では、ちょっと○○さん発表してください」
「資料をちょっとご覧ください」

これは、他でもなく私自身が無意識によく使う言葉だ。

ある日、仕事をしている私自身を録画し、見返してみた。そこでは、「ちょっと」をこれでもかというくらい使っている自分が映っていた。

なぜ自分がこんなにも「ちょっと」を使うのか、その源泉を分析してみると、それはおそらく自信のなさだろう。

自分が会議をリードしていく、場をコントロールしていくある種のストレスが、言葉の節々に出ているのだ。その瞬間は自分では気づくことができないが、確かに言葉に現れている。

自分の仕事に、自分の言葉に責任と覚悟がないために、「ちょっと」という言葉を使うことによって無意識に責任を逃れようとしている。こんなにも「ちょっと」を多用していれば、私の人生はほぼ間違いなく〝ちょっとした人生〟になるだろう。私がクライアントの立場だったら、〝ちょっと〟仕事をする人よりも、〝全力で〟仕事をする人へ依頼をしたい。

「ちょっと」は覚悟のなさの現れ。そう仮説を立てて、「ちょっと」を封印することに決めた。

次の日、クライアントの会議室で自分がしゃべる時、何度も何度も「ちょっと」を飲み込んだ。**禁句にすると決めてみると、その言葉を自分がどれだけ日常的に、無意識に使ってきたかを痛感する。**

「俺の人生は、こんなにも〝ちょっとした〟人生だったのか」

と、深く反省した。

そして、ちょっとを封印するだけで、言葉に勢いが出始めた。間違いなく、言葉のパワーが増しているように感じる。それは、私の覚悟が増したのではなく、言葉が変わっただけだ。覚悟のなさが〝ちょっと〟を生み出しているとしても、覚悟そのものを上げにいってはならない。覚悟は、その場で上げたり下げたり、急に決まるモノでもない。しかし、言葉は変えることができる。自身の感情や思考ではなく、言葉を先に変える〝だけ〟で、覚悟は勝手に決まる。

まずは自分の言葉をよく観察し、どのような言葉でこの世界を生きているのかを知ること。**そして、もし自分が効果的な言葉を扱っていないのであれば、それらを封印し、新たな言葉で書き換えていく。**それはいずれ、強力な言葉の習慣となり、思考そのものを変え、行動を変え、成果を変えていく。

ACTION!

- 言葉を変えるだけで、立ち上がる世界が変わる。
- 「難しい」という言葉が頭に浮かんだら「面白い」と口に出す。
- 曖昧な言葉は使わず、言い切る。
- 「思う」「思います」を使わない。
- 「させていただきます」を使わない。相手に許可を求める言い方をしない。
- 「なってしまった」を使わない。原因は自分にある。
- 「できなかった」を使わない。「しなかった」が正しい。
- 「一応」「ちょっと」は使わない。自信のなさを隠す言い訳である。

第6章

相手を勝たせる

家族や友人や同僚のやる気を起こさせる唯一の方法は、
協力したいと思わせることだ。
そして、感謝して正当に評価することと、
心から励ますことなのである。
デール・カーネギー

言葉ひとつで、人は力づけられる

忘れられない体験がある。小学校4年生の時、クラス対抗の大縄跳びの大会があった。約4メートルの大縄を2人で回し、その中に入ってジャンプして縄をかわし、すぐさま回っている縄から脱出する。この入っては出てをひとりずつ繰り返し、制限時間内に何回飛べたかを競う大会である。

小学生といえど、練習を積むと縄の回るスピードはかなり速くなる。スピードが上がるにつれ、回っている縄の中に入るタイミングは難しくなっていく。クラスの中には、運動が得意な子もいれば苦手な子もいて、もちろん男女混合であるため、練習を始めた当初はかなりゆっくりとしたスピードで回っていても縄に引っかかる子が多かった。

その中に、どうしても縄の中に入れない子がいた。

タイミングを掴むことができず、ジャンプすることはおろか、縄の中にすら入れずにいた。彼の順番が来るたびに流れが止まり、次第にクラスの雰囲気は悪くなっていく。誰よりも、彼が気まずそうにしていた。

私は、彼の後ろの順番にまわり、彼の背中を押してあげることにした。当時の私は、良い記録を出したい、ほかのクラスに勝ちたいという思いしかなく、彼の心情に寄り添ったつもりはまったくなかった。何度も背中を押すことで、次第にタイミングをつかみ、全体の流れもスムーズになった。大縄跳び大会が終わってしばらく経った後、道徳の授業の中で、「最近嬉しかったこと」を発表するという議題になった。背中を押していた彼の順番になった時、彼は目を真っ赤にしながら語った。

「みんなに迷惑をかけていると思って辛かった。でも背中を押してもらえて、本当に嬉しかった。ありがとう」

彼はその年、一年を振り返る文集にも、このエピソードを書いていた。それくらい、彼にとって嬉しい出来事だったのだろう。

純粋に勝つためだけに背中を押していた行動が、こんなにも人の人生に影響を与えることもあるのだと、忘れられない体験になった。

そして、誰かから「ありがとう」と心から言ってもらえることは、こんなにも勇気づけられるのだということも同時に学んだ。

心理学者のアルフレッド・アドラーは、人間は共同体へ貢献している時に幸福を感じる、と説いている。

共同体とは、私という個人を超えた、「私たち」という単位のことを指す。例えば、「家族」は普段から接している最も身近な共同体である。家族という共同体から一歩出ると、学校や会社などの一員となり、別の共同体を形成する。

それを超えると、地域社会の一員としての共同体（例えば、〝東京都民〟など）。その先は、「日本人」という共同体となる。どのレベルの共同体を指すかは個人の自由だが、いずれにせよ、共同体に貢献している時に幸福を感じるとアドラーは説いている。

自分が家族に貢献している、会社に貢献している、地域社会に貢献している、日本に貢献していると感じられる時、幸福を感じる、といった具合である。共同体に貢献、という固い表現を使うと何のことか分かりづらくなるが、簡単にいうと「誰かの、何かのためになった」と実感することである。つまり、誰かから「ありがとう」と言われる時、その場に貢献したことを実感し、幸福を感じる、というわけだ。

「ありがとう」は、自分が幸福を感じるためだけのものではない。**この言葉は、他者にも十分に幸福を届けられる言葉である。**

アドラーは、子どもを安易にほめてはいけない、と説いている。代わりに使う言葉が、この「ありがとう」である。

例えば、母親と子どもがふたりで病院に行ったとする。母親は医者としっかりと話をしたくて、診察の間子どもにはどうしても静かにしておいてもらいたかった。診察の間、子どもは母親の側で静かに座っていてくれた。その場合、多くの母親は子どもをほめるだろう。

「ずっと静かに座って待てて、えらかったね！」

と、このようにほめてはならない、とアドラーは説く。代わりに使う言葉が、〝ありがとう〟である。

「静かにしてくれていたおかげで、じっくりお医者さんとお話ができたよ。ありがとう！」

このコミュニケーションの場合、子どもの中に「自分は母親の時間に貢献した」という体験が残る。その結果、自分はこの場にいても良い、自分には価値があるという思いが育ち、行動する勇気が出る、と説く。

共同体に貢献し、「ありがとう」という言葉をかけてもらった時、人は自分の存在に価値を感じ、行動する勇気を持つ。「ありがとう」という言葉は、巡り巡って相手に行動を起こす勇気を与える。

繰り返すが、この世では、人と人との関係を避けて生きていくことはできない。その中で、行動を起こすというのは非常に勇気のいる行為だ。

しかし、自分が相手にかける言葉で、相手に勇気を引き起こすことができる。言葉ひとつで、相手が行動を起こすキッカケをつくれるのである。

人を幸福にしようとしている人は、幸福である

前述したＡＩの研究者の開発テーマは、「ＡＩは人類を幸せにするか」である。原始時代から現代に至るまでの間に、人類の一日に消費するエネルギーは数万倍にもなった。

しかし、幸せはそれに比例して数万倍になっただろうか。人類の生命の営みの中で開発されてきたさまざまな技術や最先端のテクノロジー、ＡＩもすべて、その目的は〝幸せ〟になるためである。

そもそも〝幸せ〟とはなんなのか？　壮大なテーマだが、ＡＩ研究者との会話の中心は「幸福とは何か？」であった。彼は人間の膨大な数の生体データを集め、自分の生体データも10年以上にわたって記録し続け、科学的なアプローチで人間の〝幸福〟の解明を試みていた。長年

の研究の結果、幸福とは何か？　という問いの答えは、「分からない」と結論づけられた。

幸福とは、住んでいる地域、年齢、その時の社会情勢によってさまざまに移り変わり、人が幸福と感じる要因には変数が多すぎるため、結論として「分からない」に落ち着いたそうだ。

しかし、それよりももっと興味深い研究結果を副産物として手に入れた。

それは、「人を幸福にしようとしている人は、幸福である」というものだ。

他者に対して、何かの貢献をしよう、良い影響を与えようとしている人は、総じて幸福度のレベルが高いことが分かった。他者に貢献することによって幸福を感じることは、ここでも証明される形となった。

そして裏を返せば、その人に「他者に貢献している」と実感させることができれば、幸福感をもたらすことも可能である。「ありがとう」という言葉は、相手の貢献感を育み、同時に幸福感を感じてもらえる言葉なのである。

承認の量とコミットメントの量は比例する

数年前、ハワイである会議に出席した。その会議は英語で行われ、私はあいまいにしかその内容を理解することができないままでいた。あいまいながらも、どうしても質問したいことが生まれ、「I have a question」と、勇気を持って発言した。質問が終わった後、主催者は私の目を見てこう答えた。

「素晴らしい質問だ。この場に、新しい気づきとディスカッションの観点を与えてくれてありがとう」

彼は、質問の内容そのものではなく、質問するという私の勇気を最大限に承認してくれた。私は、その後の会議にのめり込むように参加するようになった。あの場で私は承認されたことにより、私の会議への参加意欲はより強いものになった。

「承認の量とコミットメントの量は比例する」とは、その会議の主催者の言葉である。**彼は言葉だけでなく、実際に承認することで私のコミットメントを増やしてみせた。**

この体験は、非常に重要な教訓として私の中に根付いている。

相手を承認するということが大事だということが分かっていても、実際に相手を承認できる人は稀である。それは、具体的な承認の方法についてはほとんど教わったことがない上に、承認された体験も少ないためである。

承認は、相手をほめることとは違う。

非常に似ているし、近いことは間違いない。しかし、承認することとほめることは明確に違う。

承認とは、相手の存在、言動、変化、成果を認めることであり、ほめるという行為は相手の行動や成果に対する評価である。

具体的にどこまでが承認で、どこからがほめるという行為なのかは、繰り返し相手に言葉を投げかけ続けると、その区別が見えてくる。

最初は、相手をほめることから始めても良いだろう。

承認力を上げる上で、具体的なやり方のコツがふたつある。ひとつ目は、「どんな状況からでも、相手を勝たせる」というコミュニケーションを心がけること。

例えば、友人との会話の中で、気がついたら自分の話ばかりをしていたとする。その時、多くの場合は「すみません！　自分の話ばっかりしちゃってました」という具合に、謝罪がメインとなる。

それは、相手を勝たせているのではなく、自分が下がることによって相手を相対的に上げている。

そうではなく、相手〝だけ〟を上げる。

「〇〇さんの話を聞く姿勢があまりにも心地が良いので、つい喋りすぎちゃいました」という具合に、相手だけを上げる。どんな状況からでも、相手を勝たせる。これは、日常のちょっとした場面でも大いに使うことができる。

例えば、エレベーターを降りる際に先に降りるように促された時、無意識に「すみません」と言ってはいけない。そこは「ありがとうございます」と言って先に降りる。自分が下がるのではなく、相手〝だけ〟を上げる。

飲食店で箸を落としてしまい、店員さんがすぐに新しい箸を持ってきてくれた場合、「すみません、箸落としちゃって」ではなく、「すぐに気づいて新しい箸を持ってきてくださり、ありがとうございます」と言う。「すみません」は、日本語において社交性を構成する重要な言語であるが、何気なく使っているこの言語を一つひとつ書き換えていくだけで、承認力は必然的に増していく。

手っ取り早く始めるには、「すみません」と言いそうになったら無理矢理でも「ありがとう」

と言い換えることだ。

ふたつ目のコツは、何が〝ない〟かではなく、何が〝ある〟かにフォーカスすること。これは、前出のアドラーが説いている。

「ホントにあなたは集中力がないね！」という、〝ない〟ものにフォーカスするのではなく、集中力がないのは、何があるのか？　という世界にフォーカスすること。

それは、例えば好奇心があると言い換えられるかもしれないし、散漫力がある、と言い換えられるかもしれない（そんな言葉があるのかは分からないが）。

物事には絶えずふたつの側面が同時に存在している。表と裏、光と影、上と下、成功と失敗など、それらはひとつでは存在することができない。両面あって、初めて存在することができる。〝お金持ち〟という世界だって、〝貧乏〟という世界がなければ存在することができない。

ある日、クライアントのオフィス内の会議室にて長時間の会議を行った。

そのオフィスは、20時になるとビル全体の空調設備が止まる設定になっており、この日の会議は20時を越えてもなお続いた。空調が止まり、部屋の温度は次第に上がっていき、ついには全員が汗だくになって会議を進めていた。

会議が終わり、会議室の準備や議事録などを諸々整理していた方が、「すみません、こんなに暑い中で会議を行ってしまって。次から気をつけます」と謝罪にきた。

確かに、もう少し良い環境で会議をすることもできたかもしれないが、この環境でしか得られなかったことに注目して「汗だくになったおかげで、より思い出に残る会議になりましたね」と返した。

担当者は、「そういう捉え方もあるんですね！　そう言っていただけると、すごく救われます」と、嬉しそうだった。

環境に対して、何かが足りない、何かが不満であると言うことは簡単である。しかし、そこにないものではなく、そこにあるものにフォーカスすれば、まったく違った世界をつくり出すことができる。

可能性にフォーカスする

「ない」という言葉を、ただ「ある」という言葉に変換するだけでも、受け取る世界観は十分に変えられる。例えば、「今月の目標を達成しないと、ボーナスが出ない」は、「今月の目標を達成すればボーナスが出る」と言い換えればいい。「〜なければ〜ない」は、「〜であれば〜である」ということだ。

何かがないことは、何かがあることの現れである。常にその側面に立って物事を見られるようになれば、世界との新しい関係を築くことが可能となる。これまで何かがない、足りない、不足していると思っていたことが、まったく新しい見え方となってあなたの前に立ち現れるだろう。

ある日、妻とふたりで蕎麦屋で夕食をとった。普段は静かな店で、この日も静かに蕎麦を食べて帰ろうと思っていたが、たまたまカップルと思わしき若い男女が先に店内にいた。ふたりの声はとても大きく、しかも会話の内容もあまり気分の良いものではなかった。

妻は思わず、「あの人たち、声大きいよね。やめてほしいよね、こういう場で」と、私に不満を漏らした。私もまったく同感だったが、ここはあえて問いかけてみることにした。

「静かにして、って依頼してみたら？　状況の被害者になるんじゃなくて、状況を変えることを選択したら？」

「いや、問題起こしたくないし、それはやらない」

ここで、「静かにしてください」と依頼する人もいるだろうが、多くの場合は「あぁ、ツイテないな」と諦め、状況の被害者になることを選択するだろう。

私も、無意識にそれを選ぼうとしていた。ここで私は、妻にさらに問いかけてみた。

「依頼しないなら、選択肢はふたつだね。状況の被害者となって蕎麦を食べるか、この状況から何かの可能性を受け取るか。ちなみに、この状況、つまり彼らがうるさいことからどんな可能性が受け取れるの？」

非常に不自然な会話に聞こえるかもしれないが、私は妻と実際にこのような会話をよくしている。

妻は少し考えて、こう答えた。

「……もしかしたら、私の知らない、若い人ならではの情報が聞こえてくるかもしれない」

「そうだね！」と言って、我々はその場に留まった。実際のところ、彼らがうるさい状況は変わらないだろう。そして、何か新しい情報が聞こえてくる可能性も、ほぼないだろう。

しかしそれよりも、この状況からでも可能性を見出すことができたことに、ある種の達成感を感じた。どんな状況、どんな立場においてでも、可能性の側面はある。ある程度トレーニングを積めば、瞬時に可能性サイドに目を向けられるようになる。

ある日道を歩いていたら、たい焼き屋を見つけた。ひとつ買って帰ろうと思い注文したところ、「いまから焼かないといけないので、7分くらい待ってもらわないといけません。それでもいいですか?」とのこと。私には時間があったので、「待ちます」と回答した。しかし、私の後ろに並んだ人は、この言葉を聞いて諦めて帰っていった。私はたい焼きを待ちながら思った。

(「いまから焼かなければならないので、待ってもらわなければならない」じゃなくて、「7分待ってもらえれば、焼き立てのおいしいものをご用意できます」と言った方が、お客さんが待ってくれる確率は上がるのでは?)

ちょっとした言葉遣いによって、相手の行動を変えることができる。言っている内容はほとんど同じで、実際にこちらが7分待つという行為も変わらない。

しかし、「待とう」という気になり、実際に行動を起こすかどうかは、言葉ひとつ、言い方ひとつで大きく変わる。日常のこんなに小さな一コマでも、我々は無意識に言葉を扱い、その言葉で目の前の人の行動は決まる。

ないものではなく、あるものにフォーカスするトレーニングを積めば、無意識に言葉を扱ったとしても、相手が行動を起こしたくなる言葉で会話をすることができる。

気持ちの良い会話とは何か？

英会話のトレーニング教材の中に、登録さえすれば、その時間にオンライン状態になっている世界中のすべての講師と会話をすることができるサービスがある。そこでは、英語がネイティブな地域以外にも、アフリカ、アジア、南米、中東など、さまざまな地域の講師と会話を楽しむことができる。

私もそのサービスの利用者であるが、トレーニング初期、私にとっては非常に大きな発見があった。会話が始まると、当然のように挨拶から始まる。その中で、"How are you?" "How are you doing?"という決まり文句がある。厳密にはニュアンスが少し違うが、どちらも「ご機嫌いかが？　調子はどう？」という文脈の質問だ。

私は当然、"I'm good, and you?（いい感じだよ。あなたは？）"と聞く。そこで、かなり多くの外国人は、"Thank you for asking～～～"と会話を始める。Thank you for asking（聞いてくれてありがとう）である。もちろん、この表現が挨拶の定型文であることは分かっている。それでも、日本語の挨拶でこの会話が起こるとかなり不自然だ。

「おはよう。調子はどう？」
「聞いてくれてありがとう。とてもいいよ。あなたは？」

少なくとも私は、日本語ではこのような会話を聞いたことがない。しかし、英語ではじめて聞いた時はなんと美しい会話だろうと、非常に感銘を受けた。

"How are you?（調子はどう？）"と聞いただけで、"Thank you for asking（聞いてくれてありがとう）"である。これだけで妙に気分が良い。私はこの表現が大好きになった。何かにつけて "Thank

you for asking"を使うようになり、ついには日本語でも「おっ、聞いてくれてありがとう！」と言うようになった。
これを言い始めると、相手は最初こそ不思議な顔をするが、慣れてくると会話の雰囲気が非常によくなる。"How are you?（調子どう？）"と、相手に関心を寄せるだけで、"Thank you for asking"と、お礼を言われる。これにより、相手に関心を寄せようという気持ちはグッと高まる。

相手を動かす魔法の言葉

相手に関心を寄せることで、相手がより動き始める魔法のような言葉がある。

この言葉は、既に多くの場所で取り上げられており、現在では少々新鮮味に欠けるが、その効果はいまなお絶大である。それは、「ホステス接客の基本〝さしすせそ〟」だ。キャバクラやクラブで働くホステスさんにとって、男性客を喜ばせる効果抜群のほめ言葉と言われる。さしすせそとは、

さ……さすがですね！

し……知りませんでした！
す……すごいですね！
せ……センス抜群ですね！
そ……そうなんですね！

の5つだ。この中でも、とりわけ効果が大きいのは、「し」（知りませんでした！）と、「そ」（そうなんですね！）のふたつ。

その他の「さ」と「す」と「せ」にはそれぞれ〝ほめる〟要素が強いため、失敗する可能性も含まれている。つまり、安易に使いすぎると相手をしらけさせてしまう可能性も含んでいる。

「そうなんですね！　知りませんでした！」

の、「そ」と「し」の合わせ技の破壊力は凄まじい。

人は元来、相手よりも何かにつけて優っていたいものである。「知りませんでした！」は、相手を勝たせるには十分な言葉であり、少なくとも、「あ、それ知ってます。〇〇ですよね」

と言われるよりは、はるかに気持ちが良く、「知りませんでした！」と言われた方が圧倒的に会話が長続きする。

自らの能力に信頼があり、私は他の人よりも優秀であると自覚している人ほど、「知りませんでした！」と言うことができない。ホステスの世界には、会話のレパートリーを増やすためにあらゆることを勉強し、たくさんの体験をしている方がいる。しかし、肝心のお客さまとの会話の中で、「あ、それ知ってます」と言って話の腰を折ってしまっては、なんの意味もない。

商売道具である知識を増やしたつもりが、本来の仕事である会話そのものの腰を折る材料を増やしてしまっている。肝心なのは、自分が喋ることではなく、相手に喋らせることだ。「知りませんでした！」は、相手に気持ちよく喋らせ、それでいて相手に喜んで話をさせるための、効果絶大な言葉だ。

この言葉の効果は、もちろんホステスとして働く方々に限った話ではない。ビジネスのシーンで十分に使うことができる。

ある会社の経営会議で、参加者の中になかなか発言をしない人がいた。発言をしないというよりは、自己開示が苦手なように見受けられ、特に私のような外部のコンサルタントと心を通わせるには時間を要するタイプのように見えた。

彼はマラソンを趣味としていた。私はトライアスロンをやっていたため、日常的に長距離を走る習慣があり、試しにランニングの話を持ちかけてみた。彼は普段のトレーニングについて淡々と話し始めた。

一通り聞いた後、「長く走るために、そんなトレーニング方法があったなんて、知りませんでした。また、いろいろ教えてください」と言った。彼は、初めて私の目を真っ直ぐみた後に、「実はこんなトレーニング方法もあって……」という具合に、さらに話を続けた。翌月に会った際には、この1ヶ月で何キロ走ったか、お気に入りのランニングコース、サプリメントは何を摂っているかという克明な記録まで見せてくれた。彼は自らの得意な領域について嬉々として語り、私と会話をすることに関してのハードルは完全になくなった。

私との会話が安全であることを認識してくれたおかげで、我々は非常に良い仕事ができる関係になった。あそこで私が、

「あ、そのサプリメント知ってます。僕は○○を使っていて」

「そのコース、○○ですよね」

「僕も月に○○km走ったことあります」

などと、**無駄なマウンティングを取ろうとしていたら、彼は私に永遠に自己開示をしなかったかもしれない。**

私の話ではなく、彼の話に誠実に関心を寄せる。「知りませんでした」は、そのきっかけをつくる魔法の言葉なのだ。

場を働かせる

承認の量とコミットメントの量は比例する。相手を承認することができるようになり、相手からコミットメントがどんどん引き出されるようになると、一気に場が働き始める。あなたが特段何かを指示、依頼したりしなくとも、人はその行動にコミットして動き始める。

私がこれまで出会ってきた〝優秀〟と言われる人の多くは、場を働かせることのできる人である。

多くの人は、自我が優先され、自分の有能さを証明することの方に重きを置き、相手を承認する、相手を勝たせることを忘れる。それをすればするほど、場はあなたの独壇場になり、そこにいる人はどんどんしらけていく。結果として、場は働かなくなり、自分が働かなくては場が回らなくなる。結果、あなたの仕事は増え、どんどん自分〝だけ〟が忙しくなる。あなたの口から出てくるのは、「周りは働かない」という愚痴ばかりで、あなた自身もどんどん磨耗していき、本来のパフォーマンスも発揮できなくなっていく。

自我を優先させ、相手を勝たせられないばっかりに、場の力を弱め、結果として自分のパフォーマンスまで下げてしまう。これらはすべて、自らが引き寄せている現実である。

本当に優秀な人ほど、負けたフリができる。試合に負けて、勝負に勝つ駆け引きの重要さを理解し、この場では負けたふりをして、いや、正確に表現すると相手を勝たせ、場を働かせることで結果として目的を達成する。

会話をしていて、「この人と会話をしていると、どういうわけか気持ちがいいな」と思ったならば、それはコミュニケーションにおいて相手の方が一枚上手だという証だ。相手に気持ちよく喋らせるというのは、聞く側の技術によって成り立つ。

自分の話を優先させず、相手に喋らせることができれば、それだけで相手のコミットメントが引き出される。

言葉ひとつで、相手からコミットメントを引き出し、場を働かせることができる。だからこそ、多くの言葉を身につけ、自然とそれが扱えるようになることが、コミュニケーションにおいて重要なポイントとなる。

あるユダヤ人から教わった面白い教訓がある。それは、「交渉の場においては、Talker is Buyer（話す人は買う人）だ。多く話したやつが、最終的に買うことになる」というものだ。

何かを売り込みたい時、「どう話すか」をつい考えがちだが、重要なことは、「いかに相手に喋らせるか」だ。だからこそ、言葉を丁寧に扱い、相手が「喋りたくなる」ような会話を身につけた者が、場を働かせることができるのだ。

ACTION!

- 自分を下げるのではなく、相手を持ち上げる。
- 「すみません」を「ありがとう」に置き換える。
- 「ない」ものに目を向けるのではなく、「ある」ものにフォーカスする。
- 「そうなんですね！　それは知りませんでした」と言う。
- 自分が話すのではなく、相手に喋らせる。それで場が働き始める。

第7章

自分を働かせる

世界を動かそうと思ったら、まず自分自身を動かせ。

ソクラテス

「知っている」より「できる」に報酬は払われる

私が学生の頃は、「主要五科目」という言葉があり、それは国語、英語、社会、理科、数学を指し、試験でそれらの学力を測られた。

主要五科目の点数はそのまま成績となり、我々はそれらの成績をひたすら上げるというルールのもと、いつの間にか競争に参加させられていた。主要ということは、主要ではない他の科目があるということだ。それは、体育、音楽、美術、家庭科、技術である。

主要五科目が、「分かる」「理解している」を測られるのに対し、主要でない五科目が測るのは、「できる」である。

こちらの主要でない五科目は、授業の中でこそ競争はあるものの、それらが受験というある種の関門で競争させられることはほとんどない。あくまで、〝主要〟な五科目のみ、競争の対象となる。

我々は、ひたすら「分かる」の領域を広げ続け、人生のステイタスとなり得る競争を勝ち抜くべく、必死に勉強に励む。**しかし、大人になって社会に出ると、「分かる」ことより、「でき**

る」ことに急に比重が置き換わる。

何でも分かって、理解している人よりも、それが「できる」人の方に、多くの報酬が支払われる。

ホームランの打ち方を知っている人よりも、実際にホームランを打てる人の方に報酬が支払われる。楽器の弾き方を知っている人ではなく、実際に音を奏でて、人を感動させられる人に、多くの報酬が支払われるのである。

「分かっていること」「知っていること」と、それを実際に「できる」ことの間には、想像しているよりもはるかに大きな溝がある。

実は、コミュニケーションでも同じことが言える。

第5章でも述べた通り、自分の言葉は自分では見えない。

同じ日本語を喋っていても、どのような言葉でこの世の中を表現しているか、どのような言葉を相手に投げかけているかは、自分では見ることができない。

そして、この言葉こそがパフォーマンスを決定的に分けているのにもかかわらず、多くの人はその重要な部分をないがしろにし、言葉を丁寧に扱っていない。「常に相手を勝たせる」「ないものではなく、あるものにフォーカスする」といった概念は、ほぼ間違いなく〝理解〟できる。そして、本を読んだり人から聞いたり、またはセミナーなどで学んだりした時は、それを〝理解〟することができるため、自分もできるような気になる。しかし、前述したように、〝分かる〟ことと〝できる〟ことの間には大きな溝があるのだ。

言葉を扱うことが厄介なのは、〝分かる〟ことのすぐ隣に〝できる〟が存在していることだ。

これが、スポーツや楽器となると話は違う。

目の前でホームランを見せられても、バットを持つ前に「いや、こんなの無理でしょ」と即座に諦めることができる。ピアノの素晴らしい演奏を見た後に、「さすがにあんなに上手には弾けない」と、弾く前から白旗が上がる。それを目の前で見たら「分かった」としても、「できる」とは到底思えない。

しかし言葉の場合、人とのコミュニケーションのコツを理解したら、次の瞬間からその言葉を相手に投げることができる。例えば、「ありがとう」は、相手に共同体への貢献感を感じさせ、行動させるための勇気を生み出すことができる、ということを理解した次の瞬間から、「ありがとう」を扱うことができる。実際に言うかどうかは別として、ホームランを打つよりは圧倒的に簡単に実行に移すことができる。

このように、「分かる」と「できる」がほぼ隣り合わせになっているからこそ、コミュニケーションや、言葉を扱うことの大切さを考えずに言葉を扱ってしまう。

コミュニケーションにも、実際にはホームランやピアノ演奏と同じくらい、「分かる」と「できる」の間に溝がある。

英語の習得には1500時間かかると言われている。1日1時間、毎日欠かさず勉強して、4年と少しだ。ホームランを打つトレーニングも、4年間毎日欠かさずトレーニングをしたら、もしかしたら打てるようになるかもしれない。ピアノにも同じことが言える。コミュニケーション力を上達させたいと考えるなら、その入り口は、「ホームランを打てるようになる」といういまのところ絶対不可能に見えているような状態からスタートすることだ。

コミュニケーションや、人を承認することについてや、相手のコミットメントを呼び起こすということについて、「何も知らない」というところに立った時に初めて、あらゆる言葉が新鮮に見えてくる。

「ありがとう」で、相手のコミットメントを引き出せるか

承認の量とコミットメントの量は比例する。これは、前章で述べた。すみませんと謝罪をす

ることなく、また相手をほめることなく、感謝を伝えることによって、相手に貢献感を感じてもらい、勇気を呼び起こすのだ。

では実際に「ありがとう」と言って、相手から勇気を呼び起こすことができるだろうか？　具体的に見てみよう。

第2章で述べたように、やると決めたら「端から端まで、全部やる」で行う。例えばコンビニのレジで、店員さんに「ありがとう」と言ってみる。それは、ただの「ありがとう」ではない。相手の何かの行動に対し、相手が私に貢献したということを感じてもらうための、「ありがとう」だ。

「お弁当、いい温度に温めてくれたおかげで、おいしく食べられます。ありがとうございます！」

と、言えるだろうか？　実際に、これをコンビニでやるのは非常に勇気がいる。明らかに普通の会話ではないからだ。もしかしたら、異常な人として認識されてしまうかもしれない。しかし、やると決めたら端から端まで全部やる。例外はない。タクシーに乗ったら、運転手さんに「ありがとう」と言う。これも、ただの「ありがとう」ではなく、運転手さんに貢献感を感じてもらい、コミットメントが引き出されるような「ありがとう」を投げかける。

「目的地を言っただけで最短ルートを計算してくれて、おかげで私は道中他のことができます。ありがとうございます」

と言った具合に。こちらの場合は、コンビニほどの違和感はないだろう。運転手さんからしたら仕事をしたまでだが、普通は乗客からこのような言葉を投げかけられることはまずあり得ない。しかし、少なくとも気分が悪くなることは考えづらい。むしろ、喜んで何かを話し始めるかもしれない。

「いや、プロとして当たり前のことをしただけですよ。ちなみに、○○に行きたいんなら、もっと早い道もありますよ」

などという会話に発展する可能性だってある。この会話が引き出せたとしたら、承認によって運転手さんのコミットメントの量が増えた証だ。

これらの例はちょっと異常に聞こえるかもしれないが、実際に「ありがとう」によって運転手さんのコミットメントを引き出すことは可能である。

なぜ、コンビニの店員さんやタクシーの運転手さんなど、例外的なケースを取り上げているのかというと、コミュニケーションのトレーニングの機会は驚くほど少ないからである。

あなたがもし、ギターを弾けるようになりたいと思っているなら、家で何時間も練習することができるだろう。**しかし「ありがとう」のトレーニングは、相手との会話が発生しなければ練習することができない。**ただ、誰かと「会話」をする回数というのは、一日にそうたくさんあるものではない。

思い返してみてほしい。今日、何人の人と会話をしただろうか。

ギターの練習は、一日に100回やろうと思えばやれるが、「ありがとう」の練習を一日に100回やるのは至難の業だ。100回分のコミュニケーションを発生させなければならないからだ。人が動作を完全に身につけるには、3000回の反復が必要と言われている。一日に10回、意図的に「ありがとう」を言えたとして、10ヶ月かかる。実際に、一日10回やると考えると、ものすごい量だということに気づく。

だからこそ、普段日常的に会話をしている人だけでなく、コンビニの店員さんと話す時だって練習の場にするくらいの勢いでやらないと、到底身につかない。コミュニケーションの練習は、ひとりで練習し、失敗しても何も起こらないギターの練習とは違い、失敗するとかなり気まずい空気になり、相当恥ずかしい思いをすることもある。

それでも、やらないことにはうまくならない。私は、29歳の時に初めてギターの練習をした。最初は、指が自分の指じゃなくなったのかと思うほど、動かなかった。動かせるはずの薬指が、ピクリとも動かない。相当なストレスがかかり、動かない不自由さを感じ、かなり意識して、それでいてなんとか動くようになるのに1ヶ月はかかった。歌いながらギターを弾く、というレベルにはついに到達することができぬままギターはやめてしまったが、そのためにはおそらく相当な練習を必要としただろう。

コミュニケーションも、「なんでこんなにもうまくいかないんだろう」という強いストレスを感じつつ、かなり強く意識して、ようやく少しずつできるようになっていく。何も意図せず、自然と口から「ありがとう」が出て、相手のコミットメントを自然と引き出すことができるようになるまでには遠い道のりだが、逆に言うと、楽器と同じように、途中でやめなければいつか必ずできるようになる（私はギターを途中でやめてしまったが）。

楽器を弾けるようになる過程では、すべての人が「下手」な時期を体験する。

「ありがとう」の習得においても、無論「下手」な時期を通過する。その時は、相手から笑われることもあるかもしれない。**しかしその時期を通過しなければ、熟練者にはなれない。**むしろ、相手から「最近どうしたの？　なんか、すごく不自然だね」と言われる方が正解だ。

もし言われなかったとすると、あなたのコミュニケーションは以前までと何ら変わりない。右に外したボールを、また微調整して左に戻そうとしているのだ。

相手が違和感を感じないくらいの練習は、意味がない。やると決めたら、端から端まで、右に外したボールを左に外すように、とことん、極端に、全部やる。

これくらいの強いストレスを自らにかけ続け、3000回繰り返した暁には、あなたはどんな人のコミットメントも呼び起こすことができ、場を働かせられる人になるだろう。

自分の意志の力を、徹底的に〝信じない〟

私は高校1年生の時、甲子園を懸けた夏の県予選の準々決勝でサヨナラ負けをした。

悔しさは相当なもので、「来年の甲子園に出られるためなら、どんな練習にだって耐え抜いてみせる」と心に誓ったものだ。しかし1週間もすれば、いかに楽をするか、次の休みの日は何をしようかということばかりを考えるようになっていた。1ヶ月もすれば、負けた悔しさはどこへやら。負けたという記憶はもちろん残っているが、当時の悔しいという感情は綺麗さっぱりなくなっている。厳しい練習を課されると、あからさまに抵抗するようになっていた。熱は、完全に消えていた。

こういうケースは、甲子園を懸けた高校球児に限った話ではない。

勉強も、ダイエットも、禁煙も、それを〝続ける〟と誓ってから、人は呆気なく、そして悪気なく熱を失い、行動を継続しない。

稀に、ごく稀に、熱を同じレベルで保ち続けられる人がいる。私はそう言う人こそ、超人と呼ぶようにしている。

人の感情は、どんな状態になったとしても時間の経過とともに元に戻る。嬉しい、楽しい、大好きといった感情も、悔しい、辛い、悲しいといった感情も、それがどれだけ強い感情だったとしても、いずれほぼ確実に元に戻る。

上に振れようが下に振れようが、いつまでもその状態を保つことは非常に難しい。だからこそ、その状態を保てる人は人智を超えた人、すなわち超人と呼ぶようにしている。

私は、自分の〝意志の力〟、主に継続に関する意志の力を、あるタイミングで完全に諦めた。

つまり、「私は、継続力がない」と降伏したのだ。

どれだけ強い思いでやり抜くと誓っても、あっさりと継続しない自分に嫌気が差していた頃もあったが、**「そもそも、継続するという〝意志〟の力を信じる方が間違いなんじゃないか」と発想を変えてみた。**

継続は、意志の力ではなく、何か別の力によるものではないか。

そもそも、感情や意志が継続する方が異常で、元に戻る方が通常なのではないか。

感情が長持ちしないことが問題なのではなく、感情が元に戻ることを計算に入れて設計していないことが問題なのではないか。

私は、意志や感情の力ではないやり方での継続の方法を試してみることにした。

超人とのトライアスロン

5年ほど、トライアスロンをやったことがある。2016年に初めてアイアンマンレースを完走してから、4年連続で出場し、完走した。アイアンマンレースとは、3・8キロのスイム、

180キロのバイク、42・195キロのランを一日で行うレースである。180キロといってもピンとこないかもしれないが、その距離は大阪―名古屋間ほどである。

私は、スイムは人並み、ランは一般的なランナーの下位15％に属するほど遅い。フルマラソンで5時間を切ったことがなく、アイアンマンレースのランに至っては、6時間を切ったことがないくらい遅い。そんな中でも、バイクパートだけは唯一の得意分野で、この練習だけは力が入った。

そうは言っても、本番は180キロの道のりを自転車で走らなければならない。日々の練習も、相当な長い距離を走る必要がある。大体90キロライドを、週に3回やる計算で練習する。90キロと簡単に言うが、それは東京―熱海間の距離だ。全力で走っても2時間半はかかる。

問題は、仕事をしながらその時間をどうやって捻出するかだ。必然、朝しかない。

朝4時に起き、クルマに自転車を積んで練習ポイントに向かい、そこで自転車を組み立てて5時から練習を開始する。2時間半必死に練習し、7時半に終わると、すぐさま家に帰る。シャワーを浴び、仕事の準備をして、9時の最初のアポイントに間に合わせる。こうやって、仕事と練習を両立させていく。夕方にランやスイムもやり、夜に会食が入っている日は夜遅くに帰ってくることもあるが、翌朝は4時に起きてバイクのトレーニングが待っている。

こんな過酷な生活が、自分の意志の力だけで続けられるはずがない。

もちろん私も最初の頃は、自分の意志の力によって継続しようとした。朝4時に目覚まし時計が鳴り、一旦は起きる。しかし、5秒後には「普通に考えれば、あと3時間も寝られるんだよなぁ」と考えている。しかも、起きる方を選択すれば、クルマに乗って練習場所に行き、超過酷な練習が待っている。どう考えても、寝る方を選ぶだろう。

そうやって、寝る方を選択し続け、まったく練習ができずにいた。同時に、自分の意志の弱さに辟易《へきえき》としていた。意志の力を完全に諦めた私は、「約束」の力を使って自分を動かしてみることにした。

私の先輩に、まさに「超人」と呼ぶにふさわしい人がいる。彼は、仮に前日深夜1時まで仕事をしていたとしても、必ず5時に練習場所に現れる。何があっても、仮にひとりでやるとしても、機械のように正確に時間に現れては、計画通りの練習をこなす。

私は、彼と練習の約束をするようにした。4時のアラームが鳴った時、自分の意志の力では布団の中に留まる引力に負けてしまうが、5時の約束に彼が待っていることを考えると、行かざるを得ない。体はもちろん抵抗しているが、約束をしたのは自分。私は、自身が約束を破ることに非常に抵抗を感じるタイプであることを知っているため、逆にその力を利用する。

5時。練習が始まる。実際に始まってしまえば、あとはやるだけ。どれだけキツかろうが、いまから布団に戻って寝ようという気分にはならない。せっかく来たんだから、しっかり練習していこうという気になる。7時半。90キロの練習を終え、「あぁ、本当に来てよかった。充実した練習ができて、朝から気分も爽快だ」という気持ちで満たされる。朝起きる時、どれだけ憂鬱な気持ちだったとしても、いざ練習を終えると非常に爽快な気分を得ることができる。

普通に考えれば、朝4時に起きてハードなトレーニングをするなど、考えるはずもない。そう、考えるはずもないので、考えないようにした。考えたら、「寝る」を選択するに決まっているからだ。

だから、約束の力を使って、自分を動かすように切り替えた。

決して、意志の力によって継続するのではなく、約束の力によって行動だけを継続するように設計したのだ。

意志の力だろうが、約束の力だろうが、なんだろうが行動が継続すればいい。意志が弱かろうが、何だろうが、朝5時に練習場に来ていさえすればいい。自分の意志の力を信じずに、別の力を使うことによって、私は行動を継続することができた。おかげで、バイクパートだけはプロ並みのタイムで走ることができるようになった。

熱があるうちに強制力に変える

新しい考え方を身につけたとしても、それが行動までいかなければ、何も変わっていないのと同じである。行動に変えたとしても、それが継続できなければ、結局は元の自分に戻ってしまう。つまり、いかに行動に起こせるか、そしてそれをいかに継続できるかにかかっている。

前述したように、意志の力によって継続しようとしても、あらゆる感情は時間の経過と共に元に戻る。こと継続に関しては、感情によって行動するのではなく、違う力を使って行動を起こすように自分を働かせる。そう、「自分を働かせる」という感覚でこの〝継続〟というものと向き合ってみると、新たなやり方が見えてくる。

ここに、自分を働かせるためのコツが、3つある。

ひとつ目は、感情を強制力に変換すること。**感情が熱いうちに約束に変えると、それが強制力となって行動が継続される。**何かをやろうという衝動が沸き起こったまさにその瞬間に、未来の自分の行動を決めてしまおう。

例えば、外国人と会話をした時、そこで思ったように話せなかったとする。「今年こそ英語を話せるようになろう！」と意気込むまではいいが、結局何から始めていいかもわからず、そうこうしているうちに英語熱が冷め、また3日もすれば元に戻る。

熱があるうちに、その場で英会話スクールの体験レッスンに申し込んでしまえば、3日後に冷めてしまっていたとしても、体験レッスンの日は必ず来る。熱が冷めてからでは、体験スクールに申し込む行為自体が面倒くさくなり、結局何もしないことになる。

こういう体験系は、熱があるうちに3つくらい同時に申し込んでおくと良い。

私の場合、「一回体験スクールに行ったくらいでは決めきれない」という言い訳を用意して、何だかんだ決めないのは目に見えている。そういう言い訳を最初から排除するために、「3つのうちのどれかで必ずスタートする」と決めて行う。そうすると、「英語を話せるようになろう！」と決めた2週間後には、ほぼ確実に英語の学習がスタートしているだろう。

数年前、妻と上海に行った。現地の友人が、地元で会社を経営している仲間を次々に紹介してくれ、全員で食事に行くことになった。

彼らは中国語で会話を楽しんでいるが、我々と話す時はお互い中途半端な英語を使っての会話だった。ホテルに帰り、「俺がもし中国語を話せるようになったら、すごく世界が広がりそうだよね」という話をなんとなく妻にして、その日は眠りについた。

翌朝、妻は中国語の体験レッスンを早速申し込み、日本に帰ってすぐの日程が押さえられていた。どうせ日本に帰ったら、この想いも消えているに違いない。そして、日本に帰ってからわざわざ体験レッスンに申し込むことはほぼ100％ありえないという私の性格を熟知し、中国にいるうちに申し込んでいた。

日本で生活をしていて、中国語を必要とする機会はほぼない。しかし、この体験レッスンをきっかけに、私の生活の中に急遽中国語が入り込んできた。

このチャンスを生かすべく、中国語のレッスンを継続するためのあらゆる手法を駆使し、2年以上継続することに成功した。おかげで、私は中国語を話せるようになった。

強制力によって、人生に関係なかったものが急に入ってくる

約束にはふたつのやり方がある。

ひとつ目はここまでで説明したような、行動の開始を約束するやり方。熱があるうちに約束

をしてしまうことで、未来にその行動がほぼ確実に起こるようにする。**このやり方は非常に瞬発力が高いため、慣れてくるとあらゆる体験を自分の人生に引き入れることができる。**

以前、先輩経営者とオランダに旅行に行った際、夕食を食べながら、「そろそろクルマ欲しいんですよね〜」という話をポロッと口にした。その瞬間、「いま、電話して試乗予約して。で、試乗したらすぐ買って」という提案をされ、半ば強引に日本に電話をかけさせられた。

日本につながるや否や、先輩は私から電話を取り上げ、「彼は試乗したらそのままクルマを買います。もし買わない場合は私に電話してください」と、約束を取り付けてしまった。そのせい（おかげ）で、翌月には〝そろそろ欲しいと思っていたクルマ〟が納車された。同じような話だが、「いつかエジプトに行ってみたい」という〝いつか〟が永遠に来ないことが分かっているので、その場で航空券を購入する。すると、エジプトに行きたい熱があろうがなかろうが、予約したその日は確実に訪れる。

〝いつか〟は、後回しにされやすい。そして、その隙にあらゆる予定が先行して埋まっていき、〝いつか〟やりたいことは結局永遠にやってこない。

だからこそ、熱があるいま、約束を取り付けてしまうことだ。これによって、〝いつか〟やろうとしていたそれは、確実にやってくる。

やりたいことの「結果」を先に決めておく

ふたつ目は、行動したことの成果を約束するやり方だ。こちらの方が少し難易度が高い。

例えば、読みたい本を見つけたが、このままいくとどうも読まないだろうな、という予想が立ったとする。

こういう時は、友人3人ほどに、「面白い本を見つけたんだけど、この本プレゼントするから、3日後に全員で30分だけ集まって、この本の感想を共有しない?」という形で巻き込んでみる。

うまく約束を取り付けられれば、〝3日後の読書会〟という約束のために、強制力が働き始める。自らの意志では後回しにされやすい読書という行為が、自らの意志の外側で働く強制力という力によって、行われる。

以前、仲間内でJazzをやろうという話になった。私はそれまで、Jazzはおろか音楽すらまともにやったことがない。楽器はリコーダーがかろうじて吹けるくらいである。

そんな中で、「2ヶ月後に、このJazzクラブでジャムセッションに参加するから」という具合に、約束が決まってしまった。そもそも、Jazzクラブとは何か、ジャムセッションとは何か、分からないことが山ほどあったが、とにかく2ヶ月後にそれが行われるそうだ。

早速Jazzクラブに行ってジャムセッションなるものを観ると、これはどうやら素人が参加していいものではないことが分かった。しかし、2ヶ月後のジャムセッションは確実にやってくる。

私は大急ぎで楽器（ギター）を買い、レッスンの予約を入れ、どうにかしてギターを弾けるように練習した。2ヶ月後、誰が見ても初心者の演奏ではあるものの、無事にジャムセッションに参加することができた。

完成度はともかく、この体験のおかげで、Jazzとは何か、どうやって楽しむものなのかということが分かり、人生の新たな楽しみを獲得した。**本来、人生で出会うはずのなかったものが、ある種の強制力によってたくさん生み出されてくるのだ。**それらは、頭で考えて、やるきっかけを待っていても永遠に来ない。ちょっとでも熱があるうちに約束に変え、強制力によって行動を決定すれば、自分の意志の力ではないところで行動は継続されやすくなるだろう。

なにかをやりたい時は5秒以内にやり始める

自分を働かせるためのコツのふたつ目は、行動を構造化してしまうことだ。

これまた謎の企画で、ある日急に、「1ヶ月以内にけん玉がうまくなる」という企画が立ち上がった。1ヶ月後、とめけん（けん先に玉を入れる技）を完璧にできるようになる、というものだ。普通、生活の中に、けん玉が入ってくることはあり得ない。練習をしようという気にもならない。

そんなある日の朝、仕事に出かけようと玄関で靴を履こうとしたところ、靴の中にけん玉が刺さっている。そこへ妻がやってきて、「とめけん5回成功するまで、家を出られないルールにします」と言った。せっかく妻が考えてくれたことなので、無下にするわけにもいかない。急いでいる気持ちを抑えつつ、なんとかとめけんを5回成功させて、仕事に向かった。

その日の夜、会食が終わり家に帰ると、玄関のスリッパの中にけん玉が刺さっている。そこへまた妻がやってきて、「とめけんを5回成功させないと、家に入れないルールにしました」と言った。私は酔っ払いながらも、なんとかとめけんを5回成功させて家に入ることができた。

そこから、毎日家の出入りの際にとめけんの練習が始まった。

このように、普通に生きていたらまずやらないであろうことも、生活習慣の中に紛れ込ませると、それをやらざるを得ないようになる。もちろん、けん玉のような場合、ルールを破ってしまえば元も子もない。しかし、その生活を面白がることができれば、1ヶ月後には確実にけん玉がうまくなる。

これは、けん玉に限った話ではない。英語、ダイエット、禁煙、資格試験、なんだって、行動を継続して何かを習得したい場合、日々の生活に可能な限り組み込んでいけば、最初はストレスがかかるかもしれないが、慣れてくるとそれが通常になる。**そうなれば、新しい何かを習得できる確率がグッと上がる。**

ちなみに、けん玉の練習を1ヶ月続けた結果、世界一周という技（小皿→大皿→中皿→けん先の順で玉を入れる技）を5秒でできるようになった。けん玉ができるようになって人生の幅が広がったかというと、まったくそれは感じない。もしかしたら、子どもが大きくなった時に自慢できるかもしれないが、それはまだ先の話だろう。

あることをやりたいと思った時、それを5秒以内に行動に起こすことでしやすくなる、とは、アメリカで大ベストセラーとなったメル・ロビンズの『5秒ルール』に書かれている教えである。

人間の脳には「恒常性（ホメオスタシス）」という機能があり、生命活動を維持するために「いまのままであること」を優先しようとする。しかし、脳が恒常性を発揮するまでには5秒ほどの時間がかかるため、**5秒以内に行動を開始すれば、あれこれ言い訳をつけて行動をしない方ではなく、実際に行動を起こす方に意思が決定される。**それによって、行動が起こる、という考え方だ。

これと似たような考え方で、ハーバード大学のショーン・エイカー博士は『幸福優位7つの法則』で、20秒ルールを説いている。**エイカー博士によると、人間は取り掛かるまで20秒以上かかる物事を先延ばしにする傾向にある。**よって、「やめたい習慣」は20秒以上かかるようにしておけば良い。

私には、原稿の締め切りが迫っているというのに、ふとスマホを手にして、気がつけば1時間以上YouTubeを見ていた、なんていう経験が何度もある。いまは絶対にそれが許されない、という日は、スマホの電源を切り、とにかく遠いところにおいて、なおかつ取り出すのに時間がかかるように箱の中に入れてしまう。そうすると、スマホを取り出し、電源を入れ、YouTubeを立ち上げるまでに、どう考えても20秒以上かかる。
実際にそれをやると、スマホを使おうという気持ちがほとんどなくなる。

この20秒ルールを逆手に取り、続けたい習慣は20秒以内に行動が開始できるようにしておけば、行動が継続されやすい。

「毎朝走る」という習慣を身に付けたければ、起きて20秒以内にまずはランニングウエアに着替えられるようにしておくことだ。その行動の最初の一歩目（ランニングなら着替える）を、20秒以内にできるようにしておくと、行動が起こりやすくなる。

こうして、自分の意志ではなく、行動を限りなく構造化しておけば、意志の外側で行動は起こり始める。

自動的にフィードバックが得られるようにしておく

自分を働かせるコツの３つ目は、フィードバックを得られる環境をつくることだ。

私はある経営者から、「とにかく口角が上がっているだけで人生はいい方向に向かう」と教えられた。そこで、とにかく口角を上げようと、日々訓練をすることにした。

しかし、これまた普通に生活をしていて、自分の口角がどうなっているかなど、見ることができない。しかも、表情のトレーニングとなると、日中起きている限りはほぼ毎秒意識しなければならない。

どう考えてもこのトレーニングのことは忘れてしまうだろうと思った私は、妻に「俺の口角が下がっていたら、いつどんなタイミングでも、〝口角下がってるよ〟と言ってほしい」と依頼した。そうして、家で仕事をしている時、料理をつくっている時、運転をしている時、妻から急に「ねぇ、口角下がってるよ」と言われるようになった。完全に意識の外側から言われるため「えっ、いまも口角上げなきゃいけないの？」と、一瞬パニックになる。しかし、依頼したのは自分。その瞬間に、無理矢理でも口角を上げてみる。顔にある表情筋も、そのほかの筋肉と同様に、使わないとどんどん硬くなる。私は口角を上げるということを長年意識してこなかったため、口角を上げるための筋肉が非常に硬かった。妻に依頼し、常に口角をほぼ強制的に上げ続けたおかげで、表情筋の状態は劇的に変わり始めた。

それから2年後、「口角を上げる」というアドバイスをいただいた経営者にお会いした時、

「おぉ、お前随分表情変わったな！　だいぶ自分に自信が出てきたんだな！」という言葉をいただけるようになった。一見地味なことかもしれないが、単純なことでも続けると大きな力になる。**そして、続けるには自分の力だけではなく、他人の力を借りれば続けられる可能性があることを忘れてはならない。**

妻に、もうひとつ依頼したことがある。それは、「俺がすべての会話で〝承認〟から会話を始めなかったら、すぐに指摘して」という依頼だ。ここで言う承認とは、自分の意見を言う前に、一旦相手の意見を受け止め、それに対する承認を言葉で現すことを指す。

私は経営コンサルタントいう仕事柄、相手に自分の意見を聞いてもらう必要がある。しかし、それは相手が「この人の話を聞いてみよう」という気にならなければ、私が何を言っても無駄である。

相手が私に聞く気を起こすかどうかは、私が相手の話を聞き、そして承認することで「この人との会話は安全である」と思ってもらえるかにかかっている。だからこそ、すべての会話で〝承認〟ができるかどうかは、私の仕事にとって死活問題となる。故に、妻に依頼してそのトレーニングを開始した。

ある日、妻と2人で買い物に出かけることになった。何を着ていくか決めかねていた妻は、

「こっちの服と、こっちの服、どっちがいいと思う?」と聞いてきた。

私は反射的に、「こっちの明るい服がいいんじゃない?」と提案した。それを聞いた妻は、「ねぇ、承認がないんだけど」とツッコミを入れる。私はハッとして、やり直す。「そのふたつで迷ってるんだね。どちらの服も、すごくいい。で、俺の提案は。明るい服の方だね」と言い直した。これが正解なのかどうかは分からない。しかし、この調子ですべての会話の中で一回相手を承認するというプロセスを徹底的にトレーニングした。

その結果、多くの人との会話でのストレスは激減し、相手は本当のことを話してくれるようになり、私の話も実によく聞いてくれるようになった。

自分の行動を変えようと思っても、そう簡単には変わらない。

なぜなら、これまでのあなたをつくってきた一日3万5000回の意思決定と、それに伴う行動の歴史は、昨日今日思いついた新しい行動では塗り替えられないからだ。気がつけば、巨大な引力に飲み込まれ、新しいことをやりたいという感情も、行動も、習慣もなくなっていく。

だからこそ、自分の力ではなく、強制力、構造、他人の力で自分を動かしていけば、新しい習慣、すなわち新しい人生はおのずと手に入っていくだろう。

成果は、「すぐに出ない」ことを知っておく

行動の継続について、忘れてはならないことがもうひとつある。それは、行動を起こしてから成果に変わるまでには、タイムラグが生じるということだ。

ダイエットをする時は、今日一日何も食べなければ明日には確実に体重は減るだろう。しかし、それは一時的な成果であって本質的な成果ではない。

体重が減ることのみが目的ではなく、その先の健康的な体を手に入れることが真の目的なのであれば、食生活が改善し、運動の習慣を身につけ、本当の意味で手に入れたい体に近づくまでに、相応の時間を要する。しかし自身の体という、ある種コントロールしやすい目標であれば、ある程度計算もつく上に、変化を感じやすい。

ただ、言葉やコミュニケーションを変えることによって人間関係に変化をもたらしたいという目に見えづらい目標は、変化を感じ取りづらい上に、自分が上達しているのかどうか、成果が出ているのかどうかも分かりづらい。こういう場合、行動を継続して成果が出るまでには3ヶ月はかかる。

この間に、多くの場合は行動すること自体に飽きてしまうか、成果が出ないと判断して行動そのものを辞めてしまう。しかし、そんなに分かりやすく成果が出るのであれば、世の中にこれだけ「成功するための本」が溢れることはない。

成果は、簡単には出ない。しかし、続ければ確実に出る。

それは、分かりやすい成果としてではなく、振り返った時に「確かに、以前の自分とは明らかに違う」といった具合に、ジワリと出る。**分かりやすい成果を求めるのではなく、行動そのものに没頭し続けられるかどうかが、最終的に大きな成果を手にできるかどうかの鍵を握っている。**

ACTION!

- 「分かる」と「できる」の差は想像以上に大きい。
- やると決めたら、端から端まですべてやる。例外はない。
- 周囲から「最近、どうしたの？」と言われるくらいやる。周囲が違和感を感じなければ、あなたは変化していない。
- 継続には自分の意志の力を信用しない。
- 自分が熱い瞬間に、やる予定を強制的に入れる。
- 行動を起こそうと思ったら、５秒以内で始められる仕組みをつくる。
- 他者からフィードバックしてもらう仕組みをつくる。自分の力ではなく、他人の力を借りる。

第8章

自分の「在り方」を決める

私は自らをとりまく状況の産物ではない。
自分の意思決定の産物だ。
スティーブン・コヴィー

成功する勇気を持つ

「自分が成功することを、許せ。お前は、自分が成功することを許していない」

自己を変革するために言葉を変え、行動を変え、あらゆるストレスを引き受けているにもかかわらず、一向に成果が出ない日々が続いていた。これはそんな時「電車に乗るな」と言った経営者からいただいた言葉である。

「自分が成功することを許していない」とは、一体どういう意味なのか。その言葉を理解するには、少し時間が必要だった。

心理学者のアルフレッド・アドラーは、「目的論」を強く説いている。現在の行動は過去の原因からではなく、未来の目的から引き起こされている、という考え方だ。

例えば、〝引きこもり〟は、過去に人との交流によって受けた自分のトラウマが原因となって起きていると解釈するのではなく、「人と会いたくない」という目的を達成するために、〝引きこもり〟という症状をつくり出している、といった具合である。

自らが潜在的に、本質的に望んでいる方向に、無意識に行動は引き起こされる。そしてその行動が、結果を引き寄せる。言い換えるならば、現在目の前で起こっている結果はすべて、自分が望んだ通りの結果ということだ。

私には、思い当たる節がかなりあった。というのも、過去を冷静に振り返ってみた時に、私は本当にプロ野球で〝成功したい〟と思っていたのだろうか。どこかで、一生懸命練習している自分、2軍でもがいている自分、ひたむきに頑張っている自分に酔い、そこで満足していたのではないか。

1軍の世界で、真剣勝負の舞台にさらされ、そこで明確な結果を突きつけられるよりも、「2軍のホープ」でいる方が圧倒的に楽なのだ。チャンスさえ与えられれば、時期さえよければ、アイツはきっと活躍できると言われている方が、自尊心も保たれ、結果にさらされることもなく、ある意味で安泰でいられる。実は、深層心理ではこれを望んでいたのではないか。

私自身の経験も含めて言えることがある。**どれだけ頑張っても結果が出ないとしたら、あなたがそれを望んでいるからに他ならない。**結果が出ない方の未来を、自らが望んで選び取っているのだ。なぜなら、その方が自分にとって利益が大きいからだ。

結果にさらされなくていい、ひたむきに頑張っているポジションでいられる方が、楽だからだ。なんだかんだ言って、そのままの自分が好きで、変わらない方がいいと潜在的には思っているのだ。成功することによるリスク、責任を負う大変さ、自己変革によるストレスを受け入れることが怖いのだ。

本当に結果を出したいのであれば、自分が成功することを許さなければならない。そして、成功する勇気を持たなければならない。

行動は、〝あなた〟から生まれる

以下は、数年前に私がコーチングを受けていた女性コーチとの会話である。

「いま、欲しいものは何？」

「うーん、ポルシェが欲しいです」

「へぇ～。どうしたら、買えるの？　それ」

「もっと稼いだら、買えますね」

「ふーん。じゃあ、あなたが誰だったら、ポルシェにふさわしいの？」

「えっ、誰だったら？」

「うん。いまないってことは、ふさわしくないんでしょ？」

「そういうもんですかね。誰って、どういう意味ですか？」

「あなたの中では、どんな人がポルシェにふさわしいの？」

「うーん、もっとエレガントな人ですかね」

「じゃあ、あなたがもっとエレガントであれば、ポルシェに乗れるの？」

「そう、思います」

「ちなみにさ、あなた、いま稼いでないんだね」

「えっ、どうしてそれを……」

「だって、〝もっと稼いだら〟って、稼いでない人が言うセリフよ」

「た、確かに……」

「〝稼いでない〟って自分で認識している人が、稼ぐことはないわよ」

「えっ、じゃあどうすれば……そうはいっても、稼いでないですよ、いま」

「稼ごうなんてしなくていい。ただ、エレガントであればいいのよ」

「エレガントで……ど、どのように？」

「あなたさ、お金稼ぐの得意？」

「えっ、いや、時と場合によるというか、不得意とは思いませんが……」

「あのさ、得意？　って聞かれたら、0・2秒で『得意』って言って。そう思ってなくても。もう一回聞くね。あなた、お金稼ぐの、得意？」

「はい、得意です。お任せください」

「そう、それでいい。あとはエレガントに生きていればね」

行動を起こしたことが、結果となる。ここまで散々、行動の重要性を語ってきた。しかし、行動はいつもあなた自身から生まれる。どんなあなたが行動を起こすかは、実は結果に大きな影響を与える。無論結果を引き寄せるためには、行動しなければならない。行動の方に意識が向きすぎて、自分自身がどう〝在る〟かに注意を払う人は少ない。自らがどんな行動を起こすかではなく、その行動を起こすあなた自身は、〝誰〟なのか。どう在るのか。そこが、実は成果を分ける。

初詣に行き、神様の前で「今年こそ◯◯にチャレンジします！」といったように、〝何をするか〟を誓う人は多い。**しかし、「今年こそチャレンジャーでいます」という、自分がどう在るかを誓う人は少ない。**英語で表現するところの、Doing（行動）領域は、我々が最も意識しやすく、そして多用されている言葉だ。

I challenge 〜〜〜.

私は〜〜〜にチャレンジします。

これが、一般的に多用されているDo動詞の文章で、

I am a challenger.

私はチャレンジャーです。

これが、Be動詞の文章である。

Do動詞は、常にこれから起こすことを表現している。前述したように、「もっと稼ぐ」という表現は、いま稼いでいない人が〝これから〟稼ぐという世界観だ。

つまり深層心理では、〝いま稼いでいない自分〟を認めている。稼いでいない自分、極論で言うと、貧乏な自分がこれから稼ぐために行動を起こすというわけだ。

残念ながら、このマインドでは結果を引き寄せられない。自分の潜在意識が選んでいる、ベースとなっている在り方は、I am poor（私は貧乏で在る）だ。こういう人から生まれてくる行動（Doing）は、結果として貧乏（poor）を引き寄せる。

前述したように、「〜にチャレンジします！」と言っている人はどういう人かというと、現

在チャレンジをしていない人である。**Being（在り方）に注目し、I am a challenger（私はチャレンジャーで在る）と言っている人から生まれる行動（Doing）は、必然的にチャレンジングな行動だ。**行動を起こすその人のBeing（在り方）が、すでにチャレンジャーだからだ。

行動だけでは、結果に到達できない。肝心な行動はあなた自身から生まれてくるのだから、あなた自身がどう在るかに、もっと注意を払わなければならない。

お金持ちになる人、ならない人の違い

そもそも、お金持ちとは何か。野村総合研究所の調査では、純金融資産保有額が1億円以上5億円未満の世帯を、富裕層としているそうだ。

純金融資産とは、預貯金や株式、債権や生命保険などの金融資産から、負債を差し引いたものである。現金、株式、債券、保険の保有額から借金を引いて、なおかつ1億円以上ある人を富裕層と呼ぶらしい。

ちなみに、これが5億円以上となると「超富裕層」という呼び名に変わる。私は、超富裕層の方々ともたくさんお会いしてきた。彼らは、一見すると〝いわゆるお金持ち〟にはまったく

見えない。上品で派手ではないものを好み、無駄遣いをせず、何かをひけらかしたりすることはまずない。

代わりに、時間を大切にし、約束を守り、ボランティア活動に興味を持つ。超富裕層の中には、生まれながらにその宿命を背負っている者もいるが、多くは自らの手で財産を築き上げた者たちだ。

彼らは総じて貧乏からスタートし、超富裕層に成り上がった。また、現在進行形で成り上がっている人々にもたくさんお会いしてきたし、残念ながら成り上がりかけて消えていった人々にも同じくたくさんお会いしてきた。超富裕層や富裕層になる人、なりかけてなれない人。彼らを分けるものとは、一体何なのか。

私は、「お金持ちになりたいです！」という人とかなりたくさんお会いしてきた。というより、この願望がまったくない人はおそらくこの世にいないだろう。かく言う私自身も、この思いを強く持っていたし、いまでもある。

私は、こういう人に必ず、「いいですね。具体的に、いくら稼いだらお金持ちになったと言えますか？」と聞くようにしている。その額は人によって実にさまざまであるが、実はこの質問自体はそんなに意味がない。その後に聞く質問が私にとって重要である。

「稼いだお金を、何に使いたいんですか？」

この答えこそ、その人の持つ〝お金持ち〟のイメージを現している。ここでの回答はいくつかに分類される。

「いや、ただ稼ぎたいのであって、何に使いたいかは特に決めてない」

という、何も決めてないがとにかくお金持ちになりたい人。

「いいところに住んで、良いクルマに乗って、おいしいものを食べたい」

という、漠然と生活の質を上げようとしている人。

「1億円の家に住んで、ベンツに乗りたい」

という、具体的に生活の質を上げようとしている人。

「旅行に行ったり、欲しかった高級時計を買いたい」

という、娯楽や物欲を満たそうとしている人。

このように回答する人の多くは、〝お金持ち〟になりたいのではなく、お金を〝使いたい〟のだ。お金を使って手に入れるものは、もっと良い、少なくともいまよりはずっと良い生活だ。確かに治安が良く清潔で、医療や教育の体制が整い、利便性の良い街で暮らすに越したことはないだろう。

しかし、本当にダイヤモンドの指輪やピアス、高級腕時計は必要なのだろうか。お金持ちになりたいのではなく、お金を〝使いたい〟人の多くは、お金を使うことで〝優越感〟を得ている。これは非常に強い快楽を伴い、一時的に強烈な満足感を得ることができる。ただ、この快楽はすぐに元に戻り、〝より強い〟快楽を求めて、さらに多くのお金を使うことを求める。

こうして、実際に多額のお金を稼ぎ出す人であっても、真の意味で〝お金持ち〟になる人は実は少ない。まとめて言うならば、彼らはお金持ちになりたいのではなく、お金持ちと〝思われたい〟のだ。**私は、このグループに属する人たちを、資本主義と承認欲求の罠にかかった〝大量消費者〟と呼ぶようにしている。**

稼いだお金を何に使いたいかという問いに対する、真の意味で〝お金持ち〟になるグループの回答は、上記とは性質が異なる。

このグループの回答は、

「投資の資金の元手にしたい」

「そのお金を元手に多額の資金を借り入れて、事業を起こしたい（または、不動産を買いたい）」

といった、いわゆる〝レバレッジ〟をかける方に意識が向いている。

彼らの多くは、お金が〝増える〟ことよりも、〝減る〟ことを極端に嫌がる。だからこそ、**何も生み出さない消費（例えばブランド物のアクセサリー）にはほとんど目もくれないかわりに、長期的に利益を生み出すものには惜しみなく資金を投入する。**

そんな彼らにも、お金を増やすからには最終的には何かに使う欲求があるだろう。「何のためにお金を増やすのか？」と問いかけてみると、驚くべきことに、ほとんどが同じような回答をする。

「〝お金〟から自由になるために」

「〝お金〟によって阻まれる人生から解放されるため」

「選択肢を多く持てるようにしておくため」

といったものだ。**彼らは、何かの物を手に入れるためではなく、自分の状態のためにお金を増やす。**ちなみに、彼らに物欲がない訳ではない。彼らは、自分の状態を高めるためであれば、躊躇《ちゅうちょ》なく大金を使う。

お金持ちは、「体験」に惜しみなくお金を使う

お金持ちがもうひとつ惜しみなくお金を使う領域がある。それは、〝体験〟である。

お金持ちになる多くの人は、刺激的な体験、面白い人との出会い、新しい考え方を得るためなら、お金を惜しまない。

彼らは、それらの体験によって自らの視野が広がり、それが自らをより働かせることを知っている。**〝自分に投資する〟ことが、最も利回りが良いことを知っているのだ。**

「贅沢はしてもいい、見栄は張るな。これは、代々受け継がれた教え」

これは何代も続く名家に生まれ、生まれながらにして超富裕層の知人の言葉だ。

彼は現在大企業の経営者であるが、贅沢なお金の使い方はするが、派手な使い方は一切せず、お金を使うとしたら社員に還元すると言い、実際にそうしている。彼が個人で購入する洋服はいつも超高級品で、イタリアで行われるそのブランドのパーティに日本人で唯一招待されるほどのＶＩＰでもある。しかし、そのことを自分の口から言うことはまずあり得ない。私は、このことをその洋服店の店員さんからこっそり教えてもらった。彼は、言う。

「贅沢で潰れる会社はない。何が良いものかを知るためには、贅沢はしなければいけない。潰れる時は、〝見栄〟で潰れる。絶対に、見栄のためにお金を使ってはいけない」

〝お金持ち〟というものを生まれながらに背負い、そして教えを受けてきた者の言葉には、より一層の深みを感じる。

ある日、別の超富裕層の方と一緒に銀座の高級クラブに飲みに行った。この時一緒にいたもうひとりの方が、高級なシャンパンを飲もうと提案をした。その時、すかさず超富裕層の彼は言った。

「この飲み代はみんなで割り勘だけど、そのシャンパン、お前の奢りなら飲んでもいいぞ。お前の見栄は、お前だけで張ってくれ」

一点の嘘もない、紛れもない正論である。彼にとって、高級シャンパンが一本開いたところで、痛くも痒くもない料金だ。

しかし、彼には明確なルールがある。ただ、銀座の高級クラブで堂々と切り出すことはかなり難しい。豪快に笑いながら、何の躊躇もなく言ってのける彼の凄さを目の当たりにし、私は超富裕層がいかにして成り上がるかの一端を見た気がした。

真のお金持ちは、一時的に自分の欲求を満たす消費や、見栄や優越感のためのお金は使わない。お金から解放されるために、お金そのものを増やしにかかる。そして、お金がお金を生み出して溢れた分で、贅沢を思う存分楽しむ。

お金持ちと〝思われる〟べく、一時的な感情に支配され、大量消費者となってしまっては、お金持ちにはなれない。

誰しもがお金持ちになろうとは思っていないかもしれないが、人生でお金の問題から解放されることを想像してみてほしい。綺麗事ではなく、ほとんどの問題は解決するはずだ。「金持ち喧嘩せず」とは、真実を捉えた言葉である。

富裕層 vs. 豊かさ

ここまで述べてきた〝富裕層〟というカテゴリは、あくまで結果として金融資産が1億円以上ある世帯を指している。ある種ステイタスとしての富裕層で、本当の意味での豊かさを兼ね備えているかはまた別の話である。

心の豊かさは、銀行口座の残高で決まる訳ではない。

確かに、お金によって解決する問題は多い。しかし同時に、お金によって生じる問題も数多くある。中には、銀行口座や資産の状態に病的なまでに気を使い、それによって精神の病に陥るケースだってある。

銀行口座の残高が多い時は人におおらかに接することができ、少なくなるとそうでなくなる人は、残高に左右された人生といえる。**それは、あなた自身の人生でも、あなた自身の性格でもなく、ただただ口座の残高に振り回されている人生と言えるだろう。**

このように、多くの人が結果に左右されて生きている。

結果は、ただの結果である。それは、あなた自身ではない。

それは、結果を気にしないこととは違う。目の前の結果と向き合わず、自らのファンタジーの世界に浸かっているだけの人もまれに見受けられる。

結果とは正面から向き合うが、その結果に左右されて、自分の在り方がグラグラ動いていてはいけない。**口座の残高が少なかろうと多かろうと、どのような態度で生きるかは、あなた自身に決定権がある。**

あなたが、豊か（being rich）に生きると決めてしまえば、あなたから出てくる行動（doing）は、すべて豊か（rich）な行動になる。

それは結果として豊か（rich）な結果を引き寄せる。

どのように生きるかは、状況がそれを決定するのではなく、いつもあなた自身が決定するのだ。

どのように生きるかを宣言する

〝愛する〟という言葉がある。〝愛する〟とは、どういう行為のことを指すのだろうか。

何かプレゼントを買ってあげること。料理をつくってあげること。近くにいて寄り添ってあげること。それらの行為は、愛といえば愛かもしれないが、それがすべてではない。

愛は、ある特定の行為ではない。

愛は宣言であり、その姿勢のことを指している。

愛には、条件を必要としない。


「君は若くてスタイルが良い。学歴も申し分ないし、両親の経済状況も悪くない。だから、愛しています」

などと言われた途端に百年の恋も覚めるだろう。

条件付きの愛は、条件に対する評価であり、愛ではない。本当に愛すると決めてしまえば、歳をとり、スタイルが変わり、経済状況などの条件がどうなろうとも、何ら影響しない。

「愛する」というのは〝意志〟であり〝宣言〟である。

「〜が、〜であれば、〜である」

という、**条件や状況に自分の人生の舵を握らせてはいけない。**

たとえどのような条件、状況であろうとも、自分がどのように生きるかは、自分が決める。

あなたの銀行口座の残高がいくらなのかは、ただの条件であり、状況である。たとえ残高が1000円だとしても、残高が1000円なだけで、そこに〝貧乏〟という世界観をくっつける必要はない。胸を張って、堂々と豊かな態度を選択し、人生を生きれば良い。

「お前、残高1000円しかないらしいじゃん！」とからかわれたとしても、「そうだよ」と言って、堂々と生きればいい。

状況は、あなたの生き方に何の影響も与えない。状況によって影響を受けるのは、いつもあなた自身である。正確に言うと、「状況から影響を受ける」と決めたのは、あなただ。残高が1000円であるという状況から、「貧乏である」という世界観をつくり出し、「貧乏なように生きる」選択をしたのは、紛れもなく自分自身だ。

状況は、ただの状況であってあなた自身ではない。

あなたがどのように生きるか、誰として生きるかは、常にあなた自身が決めることができる。

エレガントに生きる

私は、「どのように稼ぐか？」という行動（doing）領域と同じように、「どのように生きるか？」という在り方（being）に厳重に注意を払うようになった。

私が目指したのは、〝エレガント〟な在り方。"I am elegant" と決めて生きた時、あらゆる自らの言動が気になるようになった。実際に私がエレガントであったかどうかは、分からない。ただ、とにかくエレガントに生きると決めたのだ。

（エレガントな人は、ここで何と言うだろうか？）
（エレガントな人は、ここでどのように立ち振る舞うだろうか？）
（エレガントな人は、ここで何を選ぶだろうか？）

私は、自分の一挙手一投足に注意が向くようになった。自然と姿勢が良くなり、歩き方も、言葉遣いも、表情も、生活習慣にまで影響を与え始めた。エレガントに生きると決めてから9ヶ月と27日後、私はポルシェを購入した。

INSIGHT!

- 自分の「在り方」に細心の注意を払う。結果を生み出す行動は、あなた自身から生まれる。
- being が doing を決める。
- ありたい being がありたい結果を引き寄せる。
- 現在の状況や条件に自分の人生の舵を握らせない。
- 自分がどう生きるかを決める。そして宣言する。

第9章

自分の「状態」を高める

自分が何者であるかに固執しなければ、
自分がなり得る最高の自分になれる。
老子

ここまでの8章は、総じて「いかに自分のパフォーマンスを上げて、成果につなげるか?」ということについて述べてきた。その多くは、具体的なやり方や考え方についてで、一貫するメッセージは「頭で理解するのではなく、実際の行動に起こし、それが継続されてこそ成果が出る」というものである。

この第9章で述べることは、行動を起こし、成果を手にしようとしているあなた自身が、どのような〝状態〟であるかが最も大切である、というものである。

見方によっては、ここまでの8章をすべて否定することになる。

しかし、あなた自身の〝状態〟が良くないと、何をやってもマイナスに作用してしまう。たとえ一時的にプラスに働いたとしても、結果的に自分自身を苦しめる方に進んでいってしまう。

では、自分自身の〝状態〟とは、どういうことなのか。

誰かの役に立つなんて思わない方がいい

「実存は本質に先立つ」とは、サルトルが提唱した〝実存主義〟にある有名な言葉である。

コップは、コップのために存在しているのではない。水を注ぐために存在している。万物は、そのもののため（実存）にではなく、何かのため（本質）に存在している。つまり、通常は〝本質が実存に先立つ〟のである。

しかし、人間は違う。何かにしたい、何かにならせたいために産み落とされるのではなく、この世に生まれたあとに（実存）、何になるかを後になって選び取れる（本質）。これが、実存主義の主要なメッセージのひとつである。

そして、水を入れる（本質）ためにつくられたコップは、水を入れた時に初めてコップとしての存在を発揮する。無論、コップはコップとしてだけでも存在することは可能だが、一旦それは置いておこう。

もし万物が、何かのためになった時、初めて存在するのだとしたら、〝あなた〟は何のために存在しているのか？　**誰の、何の役に立った時、存在を発揮するのか？**

Give and Take（ギブ・アンド・テイク）という言葉がある。

元々は、お互いに奉仕し合い、与え合うことで、持ちつ持たれつの公平なさまをあらわしたものだが、今日のこの言葉の使われ方は、「ひとつ譲る代わりに、ひとつこちらの意図を叶えてもらう」という意味合いが強い。

世の中には、Giver（ギバー）と呼ばれる、人に与えることを主眼に置いて生きる人もいれば、Taker（テイカー）と呼ばれる、主に与えられることを期待して生きている人もいる。

ことビジネスの世界において、成果を出す上では〝Giverであれ〟という教えが強い。人に何かを与えることによって、後になって人から多くを与えられるという考え方である。

確かに、速く走ろうと思ったら、地面を力強く蹴る必要がある。蹴った分だけ、地面からエネルギーが跳ね返ってくる。先に力を放出することで、エネルギーは返ってくる。地面を蹴らずして、地面からエネルギーをもらおうというのは虫が良すぎる。与える側のGiverが、後になって放出したエネルギーを回収できるという考え方自体は筋が通っている。

しかし、とにかく人に奉仕し、人が嫌がることにも進んで取り組んでいるいかにもGiverに見える人でも、まったく成果が上がらず、むしろエネルギーがどんどん減っていくケースもある。

こういう人の周りにはTakerが群がり、エネルギーを放出させられるばかりで、すべて奪われて何も残らない。本人は教えの通りGiverに徹し、与え続けたのにもかかわらずだ。これらはGiverである人の〝状態〟が関係している。

コップに水が半分の状態で、相手に水を与えようとするとどうなるか。

多くの場合、「私は水が半分しかない中でも、あなたに水を与えました。なので、当然、いずれは水をこちらにも注いでもらえますよね？」という返礼を期待するだろう。表向きに期待しなくとも、無意識にそういう力が働きやすい。

自分は相手にGiveしているつもりでも、本質的には相手からエネルギーが返ってくることを期待している。これこそまさに、Takerの思考である。**相手に何かを与えている〝風〟で、実態は相手からエネルギーを奪う行為である。**

このように、自分はGiverだと思っていても、無意識のうちにTakerになっている人がほとんどだ。Takerは自らが欠乏していることを無意識に感じ取り、不足を何かによって補おうとする。

「こういうものを買った」

「私は誰々とつきあいがある」

「こういう場所に行って、こういう特別な待遇を受けた」

「こういう賞をもらって、こういう仕事をしている」

という話を、聞いてもいないのにやたらと話してくる人がいる。最近の言葉でいう、〝マウント〟を取ろうとする人のことだ。

こういう人は、自らの欠乏を他人からの評価によって満たそうとする。**「なんだか分からないけど、あの人といると疲れる」という〝あの人〟からのGiveは、本質的にはTakeである。**

よって、その人からのGiveを受け取ったあかつきには、それ相応の返礼をするまで相手はあなたから離れようとしない。あなたは自らの本心とは裏腹に、「与えてもらった恩」のために相手に何かの返礼をする。

これは多くの場合、あなたの中にある何かを削り出して生み出したものである。そうすると、あなた自身にも欠乏が生じる。必然、この欠乏は何かによって満たそうとし始める。**こうして、欠乏感を抱えたTakerは、新たなTakerを生み出し、Takerのコミュニティを形成する。**TakerはTakerを呼ぶのだ。

厄介なのは、そこにいるほぼ全員が自らのことをGiverだと思っており、「私は人に貢献することを喜びとしている」と思っていることだ。そして彼らの多くは、「人に何かを与えることで、自らも〝与えられる〟」と言う。

しかし、無意識に〝与えられる〟ことを期待している時点で、それはTakerの入口に立っている。Give and Takeの考え方で最も重要なのは、相手から何かが返ってくることを期待してはならないということだ。**欠乏状態でのGiveは、結果としてTakeになることを肝に銘じておいてほしい。**

自分が満たされてないと、Giverにはなれない

Giveの本質を見失ってはならない。自分の中にないものは、与えられない。コップの中に水が半分の時は、人に与える前に、何よりもまず自らのコップを満たすことに集中することだ。コップの水が満たされ、それが溢れた時、初めてGiveすることができる。そして、そのGiveは何かが返ってくることを期待しない。

むしろ、何かを返されたとしても、自分のコップは溢れているため、入れることができない。「溢れてしまったんで、ちょっともらっていただけませんか？」という姿勢である。

誰かから溢れたものを受け取った他者は、「何かを与えてもらった恩」のために何かを返礼する必要がなくなる。相手は、自らの欠乏をつくり出さなくなり、むしろ自らを満たすための

エネルギーだけを充填する。溢れ出る大量のエネルギーは、結果として誰かを満たす。**役に立ちたい、貢献したいという目的が先にあるのではなく、自らを満たし続けた結果溢れたエネルギーが、結果として誰かに貢献していることもある。**常に誰かの、何かに貢献しているように見えるのは、溢れ出るエネルギーがあまりにも多いため、常にそれを受け取る人がいるからである。

他者に貢献することの本質は、他者に貢献しようとすることをやめることである。自分が欠乏状態で相手に貢献をしようとすると、本質的には相手からエネルギーを奪う行為になりかねない。

他者に貢献する何よりも前に、まずは自分自身に貢献することだ。

自分自身を大切に、特別に扱い、誰よりも自分の体をいたわり、自分の機嫌をとり、自分の人生に快適、快楽、幸福をもたらすことに全力を注ぐ。そうやって、自分のコップを満たし続ける。そこから溢れたものを、他者が受け取る。

これが他者から見ると「貢献」と受け取るかもしれない。これに対し、他者がエネルギーの返礼をしようとするが、当の本人のコップは満たされているため、受け取ることができない。受け取ることのできないエネルギーは、違う他者のもとに流れる。エネルギーの発生源は常に自分自身だが、こちらは常にコップが一杯なため、エネルギーが自分の周りで目まぐるしく動き続ける。

こうして、本質的なGiverの周りには、満たされた人が集まる。

そこには、誰ひとりとして相手からエネルギーを奪おう、自分の不足を相手に満たしてもらおうという人間がいない。真の意味でのgiverの集まりで、そこには相手に“give”しようという意識さえない。誰よりも自分を優先し、自分を満たし続けている人の集まりである。その結果、全員のコップから水が溢れ、そこにはエネルギーが常に溢れている。この状態を保つことで、同じ波動の人間が集まる。

自身の存在は、誰かに貢献した時に初めて存在として認識される。しかし、矛盾するようだが、「貢献」を目的とすると、takerとしてのドアをノックすることになる。

本質的に人に貢献するカギは、誰よりもまず自分自身を優先し、自分のコップを満たし、そのコップを溢れさせることだ。

その溢れた分は、他者に渡った時、「貢献」として受け取られるだろう。そのエネルギーがループする時、あなたはエネルギーの源泉として存在が認知される。

期待しないし、期待させない

誰かに期待している時や、誰かに期待させようとしている時、人は無意識に欠乏状態になっている。前者の、期待している時は、分かりやすい。

誰かに何かを期待している時は、往々にして自らが欠乏している時である。

何かをうまくいかせたいという意図があり、その意図に対して何らかの貢献があるだろうと、期待が生まれる。期待は、相手に投影される。**それは、相手をコントロールしようというエネルギーに変わりやすい。**

相手は相手で、期待に応えようとし始める。本来、自らの能力を発揮することに集中するはずが、いつの間にか相手の期待に応えることに集中し始める。

これは、本質的なエネルギーの流れではない。**相手に期待をさせてはいけない。**

初対面の相手や、仕事上での契約を勝ち取ろうという時に、多くの場合は自分を大きく見せる。いかに自分が有能であるか、相手の意図に応えるのに十分な人物であるかをアピールしにかかる。

それが成功すると、相手は当然あなたに期待する。あなたは、図らずも期待に応えようとする。相手が見ているのは、あなた自身の本質ではなく、あなたが大きく見せるためにつくり出した虚像のあなたである。虚像に対しての期待に、あなたは一生懸命応えようと、さらに自分を大きく見せ、さらに大きな期待をつくり上げる。相手はそこにさらに期待する。あなたはそれにさらに応えようとする。こうして、実態のないものに両者がエネルギーを注ぎ合い、結果的に両者が欠乏状態に陥る。

等身大の自分で良い。無防備の自分で良い。相手に期待もしないし、期待もさせない。**その自分で相手と対峙した時に初めて、相手はあなたを認識し、あなたも相手を正しく認識できる。**そこから会話が始まれば、お互い虚像にエネルギーを注ぎ込むことはない。お互いが本来やりたいことに集中し、正常なエネルギーの流れとなって成果をあげることができるだろう。

ニュートラルのすすめ

〝良い〟状態とは、どういう状態のことか。

それは一言で言うと、何にも寄っていない状態のことである。

ある特定の信条に寄りかかることなく、かと言って、「何にも寄りかかってはいけない」と頑なになることもない。つまりより正確に表現するならば、「寄りかかっても良いし、寄りかからなくても良い」という状態である。

前述した期待を例に挙げるならば、「期待してもいいし、期待しなくてもいい。期待させてもいいし、期待させなくてもいい」という状態だ。

絶対に相手に期待してはならない、と頑なになった時点で、それもまた自身に制限をかけてしまう。**相手に期待してもいいし、期待しなくてもいいと、両極の選択肢を持てている状態になった時、一気に視野は開ける。**

何かにフォーカスをした途端に、フォーカスしたこと以外の可能性は受け取れなくなる。例えば、「1億円稼ぐ」というフォーカスを持てば、10億円の可能性は受け取れない。そして、「お金を稼ぐ」以外の可能性も受け取れない。

ここで重要なのは、フォーカスするなというわけではないと言うことだ。非常に繊細で、かつ微妙なものの言い回しのため、誤解を招くかもしれないが、フォーカスをしてもいいし、しなくてもいい。

この、両方を選べる状態に自分を置いておくと、両極の可能性まで選択することができる。

そして、その可能性を選択してもいいし、しなくてもいい。

一見すると非常に中途半端で、優柔不断なものの見方かもしれない。多くの人は何か特定の心情、信念、思想を持つことによってそれを道標とし、その生き方を極めることこそ人生の使命だと信じている。ニュートラルでいるというのは、その逆でもない。心情、信念、思想を持ってはならないということでもない。

持ってもいいし、持たなくてもいい。ただあるのは、その両方を選べる状態にいる、ということだ。

思考も感情も、もともとあなたのものではない

そもそも、思考や感情は、あなたのオリジナルのものではない。

何が善で、何が悪か。何が得で、何が損か。何が好きで、何が嫌いか。何に喜び、何に憤るか。**自分が何に対して反応し、どのように決断を下すかは、この世に生まれ落ち、この社会で生きていく上で獲得してきた、いわば後天的なものだ。**

これらは、〝社会〟という名のもとにつくり上げられた、「このように思考しなさい」「この

ように感じなさい」と、ある種強制的に身につけさせられた考え方である。

しかし、いつの間にかそれが「自分らしさ」と言う言葉で自分自身のものだと思い込む。

あなたの持つ、不安、恐れ、劣等感、無力感、恨み、妬み、自己肯定感、効力感、優越感、信頼、これらもすべて、あなたのオリジナルのものではない。あなたが生きてきた中で後天的に獲得し、何ひとつ真実でない中で、自らのものと思い込み、所有しているものである。

これらはすべて、巧妙につくり上げられた虚構である。思考や感情のつくり出す世界を信じ、その中で生きている限り、あなたはあなたのオリジナルの人生ではなく、誰かのつくり出した考え方、感じ方の枠の中で生き続けることになるだろう。


思考や感情の罠から自分を救い出す方法は、まず何よりも、自分が思考していることに気づくことだ。

何かに反応している自分、何かについて考慮している自分に気がついた時、「あぁ、俺ってこういう考え方するんだなぁ」と、考えている自分に気づくこと。気づいた上で、考えている自分を許容すること。

思考することが悪いことではない。思考する自分も自分の一部であることを許容することだ。

ひたすらこれを繰り返していくと、自分と、自分が思考していることを切り離せるようになってくる。

繰り返すが、あなた自身と、あなたの思考していることは別物である。後者は、あなたオリジナルのものではなく、極端な言い方をすれば、あなたが思考させられていることである。では、あなたが思考させられている世界の中で生きるのではなく、あなた自身で生きるためにはどうすれば良いのだろうか。

それは、いま、この瞬間の五感に集中することだ。

五感とは、言うまでもなく視覚、聴覚、嗅覚、味覚、触覚のことである。いまこの瞬間に自分の五感を通して感じているものは、最も真実に近いものかもしれない。多くの場合、ほぼ同時に思考が稼働し、いま得たばかりのその情報に何かの解釈を付け加える。

繰り返すが、あなたの思考がつけた解釈の世界は、あなた自身ではなく、後天的に獲得した誰かの解釈の世界である。あなた自身が、いま、五感を通して感じている何かは、最もあなた自身に近い。この状態があなた自身であるとは言えないが、少なくとも、思考や感情という誰かのもの〝ではない〟状態に近いと言えるだろう。

この状態の時に働くのが、〝直感〟である。

直感には、理由がない。

通常、自らがやろうとしていることの多くには、理由がつく。理由は思考がつくり出している虚構の世界で、突き詰めていけばほとんどが損得と善悪に集約される。会いたい人、行きたい場所、欲しいもの、読みたい本、やりたいこと、思考で生み出されるこれらの欲求のほぼすべてに、損得と善悪が根底に流れる。自分にとって、どんなメリットがあるか？　という観点で行動を起こすか起こさないかを決めている。

しかし、直感には理由がない。

なんだか分からないけど、あの人に会いたい。理由は特にないんだけど、あそこに行きたい。この、あの人やあそこには、目的もなければ、そこから何かを得たいという打算もない。故に、この行動は相手や世界から何も奪わない。こちら側になんの意図も目的もないからだ。行動することそのことが目的で、そこから得られる何かには一切興味がない。少なくとも、行動を起こす段階においては。

結果として、何かを得られることはもちろんある。

しかし、行動を起こす段階においては、なんの意図も働いていない。理由のない、直感からの行動は、自分にも相手にもエネルギーの欠乏を生み出さない。それは結果として、自分にも相手にもエネルギーを満たすことになる。

直感をオンにするために、目的のない時間をつくる

では、どのようにしてこの直感をオンにするのか。

無論、「直感をオンにしたい！」と考えている時点で、それは思考の内側にいる。直感をオンにすれば、何かいいことが起こるという損得の世界に引きずり込まれる。

あくまで、どちらかが秀でていた、どちらかが劣っているという考えを一旦横に置いて、直感の話をしたい。直感がオンに入りやすい状態とは、自分の状態が高まっている状態のことである。

そのためには、〝何の目的も持たない時間〟を意図的にとることだ。

具体的な何かの結果や、到達地点、他者からの評価が介在しない、目的が発生しない時間である。それは、音楽を聴くことや奏でること、絵を描くことといった芸術方面の活動かもしれないし、ランニングや散歩などのエクササイズ方面の活動かもしれない。サウナや温泉でもい

い。旅行に行くこともいいだろう。

それは何だっていい。何かの意図や打算が働かない、その場にいること自体に没頭できるものであればいい。その時間を、何よりも最優先に自分自身に与えることだ。

近年、このような行為は「マインドフルネス」というカテゴリに分類されている。

こう聞くと、瞑想、ヨガ、坐禅といった、マインドフルネスに近づくための特別なアクティビティが求められると思われがちだが、そんな必要はない。もちろん、瞑想や坐禅は、専門家の指導のもとで行うと、俗に言うマインドフルネスの効果をありありと体感することができる。ちなみに、坐禅が終わった後に、「思考が整理されて、クリアになりました！」と言っている人をたまに見受けるが、それは坐禅の本質ではないだろう。

もちろん、何をそこから受け取るかは人それぞれの自由であるが、思考が整理されていると言うことは、依然思考の中にいる表れである。**とにかく、どんな行為であれ、何の目的もなく、他者からの評価も介在しない、思考や感情が限りなくオフに近づく時間を取ることで、五感の感覚が取り戻される。**

五感を通して感じているものに忠実に気づけるようになると、直感の力が現れ始める。それは、急に獲得するものではない。元々あなたの中にある力が、思考によって隠れていたもので、それがあらわになるのである。〝自分を満たす〟とは、五感の状態を元々ある状態に戻していくことに近い。

私自身にとってのそれは、旅行と散歩である。

このふたつを組み合わせて、よく海外で散歩に出かける。

目的は、何もない。ひとりでホーチミン（ベトナム）や台北（台湾）に行き、とにかく街を歩きまくる。25キロ歩く日もあれば、6キロで飽きて帰る日もある。海外である必要もない。ほとんどの週末は東京のどこかを散歩しているし、それが和歌山の時もあれば、静岡の時もある。どこでもいい。行かなくてもいい。行きたい時に行きたい場所に行き、そこを歩く。そこで何かを得たいわけでもない。〝散歩すること〟をしたいのであって、そこから何かを得ることには興味がない。そもそも、散歩をして何かを得られることはない。ただの、散歩である。こんな調子で毎月海外に行く私は、よくこんな質問を受ける。

「海外って、遊びで行くんですか？　それとも仕事ですか？」

私にとって、海外に行くことは遊びでも仕事でもない。だから、いつの日からかこう答えるようにした。

「どちらでもありません。ライフスタイルです」

五感以上の何か

今日《こんにち》、我々の世界は五感から得られる情報を中心に設計されている。特に、多くの人々が住む都市部は〝視覚〟を中心に設計されている。我々が生きていく上で不可欠な人との関わりも、言葉を中心とした視覚、聴覚、触覚の情報を活用して行われている。暴力、疫病、災害によって命を落とすリスクが劇的に減った近代で、しかも、日本という恵まれた環境に暮らしていれば、五感からの情報に頼ることのみでも、生命活動を維持することに何の問題も起こらないだろう。

しかし、古代の人類は、五感からの情報だけでは生き残れなかったのではないかというのが私の立場である。人間には本来五感以上の何かが備わっていて、進化の過程でいくつかの能力が必要なくなり、退化していまでは気づくことすらできない何かがあるのではないか、と思う。

その能力とは何か。それは、理解することはおろか、イメージすることもできない。ないものをイメージすることは一般的には不可能だからだ。

これらの話は迷信、オカルトの類に聞こえるかもしれないが、少なくとも私は五感以上の何かがあるのかもしれないと思っている。そのひとつが、〝波動〟の送受信機能だ。

波動

ここで「ヤバい話が始まった」と思った人は、そっと本を閉じていただいて構わない。少なくとも8年前の私であれば、一瞬で興味を失っていただろう。しかし多くの人と会い、〝成功〟している人のほとんどが〝波動〟の存在を明確に信じており、具体的に扱ってさえいる。

それは、五感の情報を超えた、五感以外の何かの能力を駆使して生きていると言い換えることもできる。私は、エネルギーの正体のひとつは、この波動なのではないかと感じるようになった。そして、どうすればその波動をまずは〝受け取る〟ことができるようになるのか。そして、自ら発することができるのか。そのことに興味を持つようになった。

人間は、森の中に入ると自然と脳内のα波が増えるそうだ。森の中に入って「気持ちいい」と感じる、あれだ。

これは、森の中に溢れている無数の〝音〟を聞いているからである。人間の耳が聞き取れる音は、低音は20Hzから、高音は2万Hzまでの間だと言われており、これを可聴域と呼ぶ。

この上下は、超可聴域と呼ばれ、高音は超音波、低音は超低周波音と呼ぶ。これらの音は人間の耳には聞こえないが、聞こえないだけで音としては確かに流れている。人間は、これを聞くことはできないが、感じることはできる。

それを感じるのは、皮膚だ。表皮を構成する「ケラチノサイト」という細胞は、それ自体で五感ばかりか、気圧や電気を感じることができるということが実験によって明らかになっている。森の中の鳥や虫の声、羽音などは、人間の耳に届く音もあるが、届かない音も豊富に含まれている。これらの音も人間は皮膚で受け取っており、その時に脳の深部が活性化する。これが、森に入ると気持ち良いと感じる正体のひとつだ（無論、理由はそれだけではない）。

インターネット上で配信されている音楽は、この超可聴域の音はカットされており、なおかつヘッドホンで聞いた場合には、皮膚からの音の吸収は期待できない。音源ではなく、実際に演奏する音、ライブやコンサートで聴く音楽が、普段聴いているものよりも数倍もの感動を伴うのは、皮膚からの音の吸収によるものが大きい。

これは、音楽だけではない。スポーツも、映像で見るのと実際に現地で観戦するのでは大きな違いがある。そこで行われている選手たちの発する声、衝撃音、エネルギーや、それに呼応する観客の声や興奮のすべてが振動、波動となってその場に溢れる。それは、現地で皮膚から吸収することができる。テレビのスピーカーから流れてくる音ではなく、現地のあらゆる音を耳と皮膚で受け取った時、まったく新しい〝感覚〟としてそれを認知することができるだろう。

コンサートやスポーツといった大きなイベントではない、一対一で人と対峙した時であっても、この〝音〟は明確に感じ取ることができる。〝波動〟を語る多くの人は、この〝超可聴域〟を受け取る受容体が開いているのだろう。

そして、〝運〟がいい人、〝偶然〟うまくいく人の多くは、この受容体が敏感であることが多い。それらは運や偶然の作用ではなく、微細な振動、波動を感じ取り、その情報を知らず知らずのうちに処理し、そのように行動を取らせる。結果として、運よく、偶然に、何かの事が起こり、幸運を引き寄せる。運や偶然は、ない。すべては、自身が五感と五感以上の何かで世界の事象を感じ取り、行動を起こした結果である。それは、人間が後天的につくり出した〝思考〟によって引き起こされる行動ではなく、先天的に既にある能力があらわになり、そこから生み出される目的や打算のない行動によって生まれるものである。

センサーを開くには

五感以上の世界があるとして、そのひとつが、皮膚による音の吸収だとする。音だけではなく、前述したように皮膚には五感を感じる機能がある。つまり、皮膚は皮膚だけで色を識別し、匂いを感じ、味も見分けられると言うことだ。そして、気圧や電気といった情報に加え、振動、波動、果てはエネルギーまでも感じ取ることができるとしたら、その機能を取り戻すにはどのようにすれば良いのか。

力む必要はない。元々、自身の中にあるものだ。ただ、気づくだけでいい。すでに機能は備わっていて、いまこの瞬間もそれは無意識に自身の中で起動し続けている。

ただし、思考が過多になった時、その機能が受け取っている情報は遮断される。もっと分かりやすい、五感で受け取っている情報や、思考がつくり出した世界が信じ込まれ、そちらが優先される。皮膚で受け取っている真実は、気づかれることすらない。

思考や感情が限りなくオフに近づき、その時に直感が働きやすいのは、もともと皮膚で受け取っていた情報に対する受容体が開き、そこからの情報に自分の無意識が反応するからだろう。

この状態に近づけるために、目的を持たない、〝思考〟のない時間を自らに与えることだ。こうして自分を満たし、本来備わっている機能を復活させる。そして、忘れてはならないことがある。

〝思考〟のない時間を自らに与えようとしても、〝未完了〟はそれを無意識に阻止する。「でも……」という言葉と共に、強烈な引力で元通りの自分に引き戻されてしまう。いいところだけを取り入れよう、できるところからやってみようとする自分の判断によって、結局は何も変われないままになってしまう。条件や状況に影響を受け、自分の在り方は常に揺れ動いてしまう。

これでは、自らをニュートラルな状態にし、直感をオンにすることなど到底できない。

諦めることだ。

少し勇気がいるが、ここまで連れてきてくれた自分に別れを告げよう。

そして、幻想を捨て、降伏しよう。

完全に降伏し、「私」という存在さえ手から離れた時、自分が考えていること、想像していること以上の、「何ものでもない何か」を受け取るだろう。

INSIGHT!

- 人は何かの存在になるために生まれてきたのではない。
- 自分に欠乏があると、人に貢献できない。
- 自分を満たすことを最優先する。
- 自分を満たした結果、誰かに貢献できる。
- 相手に期待しない、期待もさせない。
- あなたの思考も感情も、あなたのものではない。
- 行動を起こすには、意図も理由もいらない。
- 五感を超えたものを受け取るには、目的もない、思考もない時間を過ごす。

あとがき　好奇心を取り戻す

On ne voit bien qu'avec le cœur. L'essentiel est invisible pour les yeux.
ものごとは、心で見なくてはよく見えない。いちばん大切なことは、目に見えない。
『星の王子さま』サン＝テグジュペリ

激動の時代――。

私は昭和63年、バブル絶頂期の日本で生まれた。その後バブルは崩壊し、物心がついた頃には〝不景気〟の世の中で生きることに何の疑問も持たなかったし、〝激動の時代〟を生きているということも、当然のように刷りこまれてきた。

時の流れは日増しに早くなり、流れについていけないことは、社会からの離脱を意味すると、無意識に意識させられてきた。この激動を乗り切らなければならない。生まれながらに、社会からの要求に応えなければならない。振り返れば、そんな圧力がかかり続けていたように思える。

〝激動〟といわれる時代。本当に、我々の生きている時代は激動なのだろうか？

1853年、ペリーが浦賀に来航してから14年後の1867年に大政奉還が行われ、〝江戸〟は〝東京〟になった。戊辰戦争が勃発した明治元年の18年後に、山手線が開通、新宿駅が開業し、近代国家への拍車がかかった。昭和8年に新宿の伊勢丹本店が開業し、16年に太平洋戦争が始まり、20年に終戦した。28年にテレビ放送が始まり、33年に東京タワーが完成し、39年に東海道新幹線が開業した。43年に東名高速道路が開業し、53年に成田空港が開港、58年には東京ディズニーランドがオープンし、ファミコンが発売された。60年に重さ3kgのショルダーフォンが発売され、6年後の平成3年にはドコモから230gのMOVAが発売された。平成11年に携帯電話からインターネットに接続するサービスが始まり、その8年後にiPhoneが発売された。

何が言いたいかというと、時代の流れは、いつの時代も早いということだ。激動の時代は、いまに始まったことではない。常に、時代は激動なのである。もとより時代は、変わるものなのだ。

時代とともに変わるものとは何か。それは、〝常識〟である。時代が変われば、過去の常識は通用しなくなる。だから、過去の常識を塗り替え、新しい常識に塗り替える出来事こそ、時代の変換点と言えるのかもしれない。そして、変わり続ける常識にフィットできない者が、時代に取り残される構図である。

常識とは何か。それは、人が群れで生きていく中で、お互いが気持ちよく生活し、他者に迷惑をかけないための、見えない合意の集合体である。これらはまさに人間がつくり出すものであって、自然の中で生まれるものでない。それは、自然の観点から見れば、創作された世界、言い方を選ばずに言えば、不純物である。その不純物の中で、激動という解釈の中にハマってしまっては、大切なものも見えなくなる。大切なものとはなにか。変わり続ける常識、変わり続ける時代の中で、まさに、我々人類の生命活動の源となり、前に進む勇気と力を生み出し続けたエネルギー。それは、好奇心だ。

好奇心。それは、損得、善悪といった思考で生み出される世界でもなければ、好き嫌いといった感情で生み出される世界でもない。好奇心は、生み出す必要すらない。ただ自分の内側から、理由なく湧き出てくるエネルギー。何のインプットも必要とせず、ただただ湧き出てくる、源泉掛け流しの、剥き出しのエネルギーである。理由も、労力も、投資も必要としない。無償で湧き続ける、我々人類にとって最も尊く、偉大で、枯渇することのないエネルギーだ。我々が行動を起こす〝熱〟は好奇心から供給される。熱源は、すでに私たちの内側にある。

しかし、好奇心は剥き出しであるが故に、脆弱である。最初に発生した熱は、最終的に元のエネルギーの原型を留めぬほどに小さくなり、ついには常識の範囲内に収まることを要求される。人間の、社会の、常識の、同調圧力の中で、尊く、脆弱な好奇心はあっけなく行き場を失い、ついには、発生させることすら諦め、好奇心はいつの間にか枯渇したかのように錯覚する。源泉には蓋が閉められ、そこに熱源があったことすら忘れ去られる。

しかし、人間が好奇心を失うことはない。枯渇したのではない。そこにあることに、気がついていないだけだ。自らの好奇心の抵抗となるものが何なのか、元のエネルギーをこれほどまでに小さくしてしまうものとは何なのか、いま一度向き合ってほしい。そして、本来備わっている、純粋で、高貴で、そして脆弱な好奇心を取り戻してほしい。

好奇心は、あなたの熱源だ。どんなに美しい言葉で表現しようが、秀逸な戦略があろうが、大元となる、あなた自身が熱を帯びていなければ、相手の熱を上げることはできない。言葉も戦略も、あなたの熱を相手に伝えるための手段でしかない。あなたが真に熱を帯びている時、言葉や戦略は、自然と生み出される。それだけではない。迫力、オーラ、波動といった、見ることはできないが、確かに感じることのできるものも、熱を帯びていればこそ生まれてくる。

それは、目に見えない。しかし、我々はすでに気づいている。目に見えているものだけが、我々の世界ではないということを。

好奇心を取り戻し、熱を帯びる。
あなたの可能性は、あなた自身の中にある。
ただ、気づくだけでいい。取り戻すだけでいい。

この本が、あなたの熱源を掘り起こし、高貴で、尊い無限のエネルギーが湧き出るキッカケとなったなら、十分に役目を果たしたと言える。

なお、本書は音声メディア「VOOX」で話したことが契機となり、その内容を元に一から書き上げたものである。この機会をいただいたすべての方々に感謝したい。

2023年5月

高森勇旗

参考文献

『アドラー　人生を生き抜く心理学』（NHKブックス）岸見一郎（著）、NHK出版、2010年

『幸福優位7つの法則　仕事も人生も充実させるハーバード式最新成功理論』ショーン・エイカー（著）、高橋由紀子（訳）、徳間書店、2011年

『5秒ルール　直観的に行動するためにシンプルな法則』メル・ロビンス（著）、福井久美子（訳）、東洋館出版社、2019年

『実存主義とは何か』J・P・サルトル（著）、伊吹武彦ほか（訳）、人文書院、1996年

『SELFISH』トマス・J・レナード、バイロン・ローソン（著）秦卓民（監修）、糟野桃代（訳）、祥伝社、2019年

『サピエンス全史』（上）（下）　ユヴァル・ノア・ハラリ（著）、柴田裕之（訳）、河出書房新社、2016年

Thomas J. Leonard, *The Portable Coach: 28 Sure Fire Strategies For Business And Personal Success,* Scribner, 1998

『ドラッカー名著集　マネジメント』（上）（中）（下）P・F・ドラッカー（著）、上田惇生（訳）、ダイヤモンド社、2008年

『7つの習慣――成功には原則があった!』スティーブン・R.コヴィー（著）、ジェームス・スキナーほか（訳）、キングベアー出版、1996年

『人を動かす』D・カーネギー（著）、山口博（訳）、創元社、2016年

『星の王子さま』サン＝テグジュペリ（著）、菅啓次郎（訳）、角川文庫、2011年

著者プロフィール

高森 勇旗（たかもり ゆうき）

1988年富山県高岡市生まれ。

2006年、横浜ベイスターズ（現DeNA）から高校生ドラフト4位で指名を受け入団。12年に戦力外通告を受け引退。引退後は、データアナリスト、ライターなどの仕事を経て、ビジネスコーチとしての活動を始める。延べ50社以上の経営改革に関わり、業績に貢献。

降伏論

「できない自分」を受け入れる

2023年6月5日　第1版　第1刷発行
2023年11月29日　第1版　第6刷発行

著　者　高森 勇旗
発行者　中川 ヒロミ
発　行　株式会社日経BP
発　売　株式会社日経BPマーケティング
〒105-8308　東京都港区虎ノ門4-3-12
https://bookplus.nikkei.com

プロデュース　岩佐 文夫
デザイン　竹内雄二
校　正　加藤 義廣（小柳商店）
編　集　中野 亜海
本文DTP　フォレスト
印刷・製本　中央精版印刷株式会社

本書籍に関するお問い合わせ、ご連絡は下記にて承ります。
https://nkbp.jp/booksQA

ISBN 978-4-296-00152-1